Clemens G. Arvay, Theresia Fastian, Irmtraud Weishaupt-Orthofer

KÜRBIS UND KERNÖL

Sorten, Anbau, Genuss

Clemens G. Arvay, Theresia Fastian, Irmtraud Weishaupt-Orthofer

Kürbis und Kernöl

» SORTEN » ANBAU » GENUSS

LEOPOLD STOCKER VERLAG
GRAZ – STUTTGART

Impressum

Rezept- und Fotonachweis
Fotos Umschlagvorderseite: iStock.com
Fotos Umschlagrückseite: Mani Hausler (li.), Andrea Jungwirth (Mitte), Mona Lorenz (re.)

Der Inhalt dieses Buches wurde vom Verlag nach bestem Gewissen geprüft, eine Garantie kann jedoch nicht übernommen werden. Die juristische Haftung ist ausgeschlossen. Auf Wunsch senden wir Ihnen gerne kostenlos unser Verlagsverzeichnis zu.

Leopold Stocker Verlag GmbH
Hofgasse 5 • Postfach 438 • A-8011 Graz
Tel.: +43 (0)316/821636 • Fax: +43 (0)316/835612
E-Mail: stocker-verlag@stocker-verlag.com
www.stocker-verlag.com

Bibliographische Information
der Deutschen Nationalbibliothek
Die Deutsche Nationalbibliothek verzeichnet diese Publikation in der Deutschen Nationalbibliographie; detaillierte bibliographische Daten sind im Internet über http://dnb.d-nb.de abrufbar.

Hinweis
Dieses Buch wurde auf chlorfrei gebleichtem Papier gedruckt.
Die zum Schutz vor Verschmutzung verwendete Einschweißfolie ist aus Polyethylen chlor- und schwefelfrei hergestellt.
Diese umweltfreundliche Folie verhält sich grundwasserneutral, ist voll recyclingfähig und verbrennt in Müllverbrennungsanlagen völlig ungiftig.

ISBN 978-3-7020-1816-0

Umschlaggestaltung, Layout und Repro:
Werbeagentur Rypka GmbH, 8143 Dobl/Graz, www.rypka.at
Druck und Bindung: Livonia Print SIA, Lettland

Inhalt

Inhalt

Inhalt

Vorwort

Wenn der Herbst im Anmarsch ist, leuchten Kürbisse in ihrer Farben- und Formenvielfalt in den Gemüseregalen von Supermärkten, auf Bauernmärkten und in Hofläden. Die beiden bekanntesten und beliebtesten Sorten Hokkaido und Butternuss, die häufig schon im Sommer erhältlich sind, bekommen nun Konkurrenz von ihren Verwandten. Dann stehen Kürbisliebhaber vor der Qual der Wahl, welche Sorte in den Einkaufskorb wandern soll.

Welcher Kürbis für welches Gericht?

Gerade aufgrund ihrer unterschiedlichen Eigenschaften, was Geschmack und Konsistenz des Fruchtfleisches angeht, kann man eine unglaubliche Vielzahl an Gerichten aus Kürbissen zubereiten. Sie eignen sie sich für pikante Speisen ebenso wie für Süßspeisen. Man kann sie braten, grillen, schmoren, dünsten, gratinieren und süß oder pikant einlegen. Sie werden zu Suppen, Eintöpfen, Beilagen oder Hauptspeisen, Aufläufen, Kuchen, Gebäck, Saucen, Cremen, Marmeladen, Chutneys und vielen anderen Köstlichkeiten verarbeitet.
Oft stellt sich allerdings die Frage, welche Sorte nun am besten für eine bestimmte Zubereitungsart geeignet ist. Im einleitenden Teil bei den Sortenbeschreibungen werden Geschmack und Kocheigenschaften von 23 bekannten und weniger bekannten Kürbissorten beschrieben. Zusätzlich wird für jedes Rezept eine besonders geeignete Kürbissorte empfohlen; wenn es sich um eine seltenere Sorte handelt, sind als Alternative gängige Kürbissorten angegeben. Denn glücklicherweise zählen gerade die am häufigsten angebotenen Sorten Hokkaido, Butternuss, Langer von Neapel und Muskatkürbis auch zu den absoluten Allroundern, die sich für jede Zubereitungsart eignen. Die einfallsreichen Rezepte sorgen für Abwechslung im Alltags-Speiseplan. Sie stammen aus dem renommierten Magazin „Kochen & Küche" und wurden von Chefredakteurin Irmtraud Weishaupt-Orthofer zusammengestellt.

Wissenswertes über Speisekürbis, Ölkürbis & Kürbiskernöl

Die ausführliche Einleitung stellt die enorme Sorten- und Nutzungsvielfalt der Speisekürbisse vor und geht auf deren gesundheitliche Vorzüge ein. DI Clemens G. Arvay vermittelt interessantes Wissen rund um den Kürbis ebenso wie praxisnahe Tipps vom Anbau bis zur Ernte und Lagerung. Denn immer mehr Hobbygärtner ziehen selbst Kürbisse im eigenen Garten. Darüber hinaus gibt es landwirtschaftliche Betriebe, die sich auf Kürbisse spezialisiert haben und auf ihren Feldern unzählige Sorten in unterschiedlichsten Farben, Formen und Größen anbauen. Selbst die Weiterverarbeitung der Samen zu eigenem Saatgut ist beim Kürbis relativ einfach zu bewerkstelligen, und wenn einige Grundregeln beachtet werden, können eigene, an den Standort angepasste Sorten herangezüchtet werden.
Im zweiten Teil der Einleitung erläutert Mag. Theresia Fastian Wissenswertes über den Steirischen Ölkürbis und das daraus gewonnene wertvolle und inhaltsreiche Kürbiskernöl, das auch im Rezeptteil als Zutat für vielerlei Gerichte Anwendung findet.
Tauchen Sie ein in die Vielfalt der Kürbisse, erweitern Sie ihr Wissen über das gesunde, kalorienarme Gemüse und schmökern Sie in den über 100 wunderschön bebilderten Rezeptvorschlägen – mit Sicherheit werden viele davon zu Ihren neuen Lieblingsgerichten!

Clemens G. Arvay
Theresia Fastian
Irmtraud Weishaupt-Orthofer

Graz, August 2019

mmh

Einleitung

Speisekürbisse: Geschichte und allgemeine Informationen

von DI Clemens G. Arvay
Biologe, Agrarwissenschaftler
und freier Autor.

Der Kürbis ist eine der ältesten und vielfältigsten Kulturpflanzen der Welt. Neben den bekannten „Neuweltkürbissen" aus Mittel- und Südamerika existieren auch weniger bekannte „Altweltkürbisse" aus Ostasien.

Der Name „Kürbis" geht auf das lateinische Wort „*corbis*" für „Korb" zurück. Der Kürbis gehört in die Pflanzenfamilie der *Cucurbitaceen*, also der Kürbisgewächse. Weltweit gehören dieser Familie 800 Arten an– die meisten davon Wildpflanzen. Noch heute ranken in Mittel- und Südamerika sowie in Ostasien nahe Verwandte unserer Speisekürbisse auf Bäumen. Nur wenige Kürbisgewächse, nämlich die Vertreter der Zaunrüben, sind in Europa heimisch, so z. B. die Rotfrüchtige Zaunrübe (*Bryonia dioica*), die im Osten Österreichs und in großen Teilen Deutschlands wild wächst, aber keine Nahrungspflanze darstellt. Fast alle heutigen Speisekürbisse gehen auf die amerikanischen Vorfahren zurück.

Ob rund, abgeflacht, lang gestreckt, flaschenförmig, gebogen wie ein Posthorn, groß oder klein – die Frucht des Kürbis ist aus botanischer Sicht immer eine Beere. Beeren sind Fruchtformen, bei denen die Samen, wie bei einer Heidelbeere oder Tomate, einzeln verstreut im Fruchtfleisch liegen. (Die Erdbeere und die Himbeere gehören übrigens nicht zu den Beerenfrüchten!) Botanisch noch genauer beschrieben ist der Kürbis eine Panzerbeere – und diese Bezeichnung wird dem Aussehen des Kürbisses gerecht.

Der größte jemals geerntete Kürbis wog mehr als eine Tonne und wurde 2017 zu Halloween im botanischen Garten von New York ausgestellt. Er war von einem Züchter aus Seattle gezogen worden. Besonders klein hingegen – etwa so groß wie eine Faust – ist die Sorte „Rondini".

Neben dem Kulturkürbis zählen auch Zucchini, Gurke, Wassermelone und Zuckermelone sowie einige weniger bekannte Gartenpflanzen zu den Kürbisgewächsen (Chayote, Karela, Kiwano, Schlangenhaargurke und Schwammgurke).

Der Kürbis – ein Menschheitserbe

Vor etwa 10.000 Jahren domestizierten Menschen in Vorderasien zum ersten Mal Gräser, indem sie deren wild gesammelte Samen auf fruchtbare Erdböden zwischen Euphrat und Tigris ausbrachten. Die Dorfbewohner begannen, dieses Urgetreide zu fördern, indem sie andere Pflanzen von den Anbauflächen entfernten. Mit dieser frühen Form der landwirtschaftlichen Kulturpflege setzt die heutige Archäologie den Beginn der Jungsteinzeit an. Bei den ältesten Getreidesorten handelte es sich um Weizen und Gerste. Vor etwa 7.700 Jahren gelangten die ersten, bereits züchterisch bearbeiteten Sorten nach Europa und wurden dort angebaut. Der Ackerbau wurde weltweit mehrmals erfunden. Während er in Vorderasien mit dem Getreide seinen Anfang nahm, begann er vor mindestens 8.000 Jahren mit der Domestikation von Wildreis in China. Etwa zur selben Zeit wurde in Mexiko mit dem Maisanbau begonnen. Auch dem Kürbis kommt, wie wir gleich sehen werden, Bedeutung als eine der frühesten Kulturpflanzen zu.

Es folgt eine Aufzählung der Arten des Kürbisses mit historischem Hintergrund. Jede Art lässt sich in unterschiedliche Sorten einteilen, die später im Sortenportrait aufgezählt werden.

Am Anfang war der Feigenblattkürbis

Kürbisse gehören zu den ältesten Kulturpflanzen überhaupt. Sie wurden in Zentralamerika domestiziert und betraten bereits vor 9.000 bis 10.000 Jahren die Bühne der Landwirtschaft. Sie stehen also gemeinsam mit dem Getreide ganz am Beginn des Ackerbaus und sind fast so alt wie dieses. Der erste kultivierte Kürbis war der Feigenblattkürbis *(Cucurbita ficifolia)*. Die bis zu 25 Zentimeter breiten, runden Blätter der Pflanze, die jenen des Feigenbaums ähneln, sind ausschlaggebend für die botanische Namensgebung. Die Früchte (siehe Abbildung 1) sind meistens grün und cremefarbig oder beige gefleckt. Manche Exemplare sind auch einfärbig beige. Der Fruchtdurchmesser eines reifen Feigenblattkürbisses beträgt 25–30 Zentimeter. Das Fruchtfleisch ist faserig, die Samen sind dunkelbraun bis schwarz. Der Fruchtstiel setzt an der Schale fünfkantig an. Wie wir noch sehen werden, spielt die Form des Fruchtstielansatzes eine entscheidende Rolle bei der Unterscheidung verschiedener Kürbisarten. Eine Einlagerung der Feigenblattkürbisse für den Winter ist schwierig, da die Früchte relativ leicht zu faulen beginnen oder von Schimmel befallen werden. Wegen ihrer Kältetoleranz eignen sich Feigenblattkürbisse auch für den Anbau in höheren Lagen.

Der Feigenblattkürbis, der vor ca. 10.000 Jahren in Zentralamerika domestiziert wurde, ist der älteste Kulturkürbis.

8.000 Jahre Gartenkürbis aus Mexiko

Der Gartenkürbis oder Pepokürbis *(Cucurbita pepo)* entstand vor etwa 8.000 Jahren im Norden Mexikos durch die Domestikation eines Kürbisgewächses, das heute als „texanischer Wildkürbis" *(Cucurbita texana)* bezeichnet wird. Noch immer wachsen diese Wildkürbisse in natürlicher Vegetationsgesellschaft. Viele der in Europa bekannten Kürbisse gehören zur Art der Gartenkürbisse. Darunter befindet sich zum Beispiel der Steirische Ölkürbis (auf den im zweiten Teil der Einleitung noch detailliert eingegangen wird), der Spaghettikürbis, der Patisson- oder „Ufokürbis" sowie Zucchini, die botanisch gesehen lang gestreckte Gartenkürbisse sind. Es sind aber auch kugelrunde Zucchinisorten erhältlich, die deutlicher als Gartenkürbisse zu erkennen sind. So wird beispielsweise die Sorte „Rondini" teilweise als runder Zucchini oder als kleiner Kürbis vermarktet. Aus botanischer Sicht existiert keine Unterscheidung zwischen Gartenkürbissen und Zucchini. Der Zucchini ist eine Sorte des Gartenkürbisses. Die Stängel der Gartenkürbisse setzen in der Regel an einer leicht eingesenkten Stelle an, haben fünf Längsrippen und weisen daher einen sternförmigen Querschnitt auf. Gartenkürbisse werden auch als „Sommerkürbisse" bezeichnet, da sie nach der Ernte nicht lange haltbar sind und eine Einlagerung für den Winter nur bei wenigen Sorten möglich ist.

Der Steirische Ölkürbis gehört zu den Vertretern der Garten- oder Pepokürbisse, die vor 8.000 Jahren in Nordmexiko aus dem texanischen Wildkürbis hervorgegangen sind.

Gartenkürbis-Stiele haben fünf Längsrippen, einen sternförmigen Querschnitt und setzen am Fruchtkörper eingesenkt an (wie beim Zucchini, der ja ein Gartenkürbis ist).

Aus den Anden: die Riesenkürbisse

Etwa gleich alt wie die Gartenkürbisse dürften die Riesenkürbisse sein, die erstmals in den Anden domestiziert wurden und botanisch als *Cucurbita maxima* bezeichnet werden. Zu ihren bekanntesten Vertretern gehören der Hokkaido mit seinen orangen, grünen sowie blauen Formen, der Rote Zentner und der Ungarische Blaue. Ihr wichtigstes Erkennungsmerkmal ist der Stielansatz. Der Stängel ist am Ansatz verdickt, im Querschnitt rund, im Reifestadium korkartig verholzt. Auffällig sind auch die unregelmäßigen, längs verlaufenden Einrisse, von denen der reife Stielansatz übersät ist. Unter den Riesenkürbissen befinden sich Formen mit außerordentlich großen Früchten, jedoch sollte man sich vom Namen nicht irreführen lassen. Vertreter dieser Art müssen nicht besonders groß sein (siehe Hokkaido). Riesenkürbisse nennt man auch „Winterkürbisse", da sie sich als Lagergemüse für die kalte Jahreszeit eignen.

Bekanntester Vertreter der in den Anden domestizierten Riesenkürbisse ist der Hokkaido.

Riesenkürbisse lassen sich an ihrem verdickten und im Reifestadium verholzenden Stielansatz erkennen, der im Querschnitt rund ist.

Die Moschuskürbisse aus Mittelamerika

Vor 5.500 bis 7.000 Jahren wurden durch Bauern in Mittelamerika sowie unabhängig davon auch im heutigen Kolumbien die ersten Moschuskürbisse domestiziert, deren bekanntester Vertreter bei uns der Butternusskürbis ist, auch als „Butternut" im Handel. Moschuskürbisse *(Cucurbita moschata)* sind stets sehr edle Speisekürbisse mit harter Schale und stattlicher Größe. Der Muskatkürbis, der Trompetenkürbis und der Lange von Neapel sind die größten handelsüblichen Sorten – so groß, dass ihr Fruchtfleisch in der Regel scheibenweise portioniert verkauft wird.

Die Art der Moschuskürbisse hat ihren Namen aufgrund des herb-süßen Geruchs des Fruchtfleisches erhalten, der dem Geruch männlicher Moschushirsche ähnelt (auch als Duftstoff im Handel erhältlich). Da dieser Geruch außerdem von Bisamratten bekannt ist, werden Moschuskürbisse auch als „Bisamkürbisse" bezeichnet. Der Stielansatz – abermals ein wichtiges Erkennungsmerkmal – ist bei Moschuskürbissen sehr ästhetisch anzusehen. Die Basis des Stängels wirkt der Frucht wie aufgesetzt und ist verdickt. Sie weist wulstige Höckerchen auf, die im Querschnitt betrachtet radiär nach außen laufen. Wie die Riesenkürbisse lassen sich auch Moschuskürbisse für den Winter einlagern.

Der Butternusskürbis ist der bekannteste Vertreter der Moschuskürbisse, die vor 5.500 bis 7.000 Jahren in Mittelamerika domestiziert wurden.

Stielansatz der Moschuskürbisse: Wulstige Höckerchen sitzen dem Fruchtkörper auf.

Der Silbersamenkürbis: eine vergessene Rarität

Das kulturgeschichtliche Alter des Silbersamenkürbisses *(Cucurbita argyrosperma)* ist nicht geklärt, er dürfte schon bald nach dem Feigenblattkürbis vor bis zu 8.000 Jahren in Zentralamerika entstanden sein. Der Silbersamenkürbis, der auch als „Ayote" bezeichnet wird, hat eine große, bauchige Birnenform mit gelb-grüner Schale. Die Samen sind elfenbeinfarben und von einer hauchdünnen, transparenten Schicht überzogen, die ihnen das typische silberne Aussehen verleiht. Von allen Speisekürbissen ist der Silbersamenkürbis der wärmebedürftigste. Daher reift er in Mitteleuropa spät und ist nur für günstige Lagen geeignet. Sowohl Saatgut als auch Früchte der Silbersamenkürbisse sind bei uns schwer erhältlich. Eine Einlagerung für den Winter ist – wie beim Feigenblattkürbis – nicht Erfolg versprechend.

Der Silbersamenkürbis ist bei uns eher eine Seltenheit.

Der Flaschenkürbis – ein Kosmopolit

So wie der Feigenblattkürbis ist der Flaschenkürbis *(Lagenaria siceraria)* ein Urgestein der Landwirtschaft. Er gehört nicht in die Gattung *Cucurbita*, wie die zuvor genannten Arten, sondern stellt eine eigene Gattung innerhalb der Kürbisgewächse dar *(Lagenaria)*. Die auch als „Kalebassen" bekannten Flaschenkürbisse wurden 2002 zum Gemüse des Jahres erkoren. Sie wurden erstmals vor 9.000 Jahren in Mittelamerika domestiziert. Jüngere genetische Ana-

Flaschenkürbisse oder Kalebassen (hier die Sorte „speckled swan") gehören zu den ältesten Kulturkürbissen und wurden wahrscheinlich sowohl in Amerika als auch in Afrika und Asien domestiziert.

Der Resonanzkörper der indischen Tanpura wird traditionell aus einem Flaschenkürbis hergestellt.

Hübsch anzusehen, farben- und formenreich: Zierkürbisse für eine herbstliche Dekoration.

lysen an heutigen Flaschenkürbissen haben aber belegt, dass der genetische Ursprung dieser Gattung nicht in Amerika, sondern in Afrika liegt, und zwar vermutlich in Simbabwe. Höchstwahrscheinlich wurden Kalbassen aus Afrika durch die Meeresströmung über den Atlantik bis nach Amerika transportiert und verwilderten dort, ehe sie von indigenen Bauern domestiziert und später als Kulturgut in der ganzen Welt verbreitet wurden. Wildwachsende Verwandte können weltweit nicht mehr gefunden werden, weshalb eine eindeutige geographische Zuordnung der Flaschenkürbisse nicht möglich ist. Denkbar wäre, dass die Domestikation von Kalebassen außer in Mittelamerika auch in Afrika und Südostasien vorgenommen wurde - jeweils unabhängig voneinander. So ließe sich erklären, weshalb Flaschenkürbisse bereits den alten Römern bekannt waren, die daraus Gefäße, Flaschen, Löffel und Kunstobjekte herstellten.

In allen Kulturen, in denen Flaschenkürbisse angebaut wurden, stellte man Gebrauchsgegenstände aus ihnen her. Im Osten Österreichs ist für die Kalebasse noch immer die Bezeichnung „Weinheberkürbis" gebräuchlich, da im Burgenland und in der Steiermark früher aus Flaschenkürbissen Wein- und Mostheber gemacht wurden. In Afrika wurden und werden Rasseln, Kalimbas und Trommeln aus Flaschenkürbissen hergestellt, in Indien Saiteninstrumente wie die Sitar oder die Tanpura. Etwas skurril mutet eine Tradition in China und Japan an, wo Grillen in ausgehöhlten Kalebassen als Haustiere gehalten werden, um ihr Zirpen akustisch zu verstärken und sie so zur beruhigenden Hintergrundbeschallung zu nutzen.

Die Kürbisse der „Alten Welt"

Nach der Entdeckung Amerikas gelangten die fünf wichtigsten Arten der „Neuweltkürbisse" (Feigenblattkürbis, Gartenkürbis, Riesenkürbis, Moschuskürbis, Silbersamenkürbis und manche Flaschenkürbisse) nach Europa, wo sie aufgrund ihres besseren Geschmacks und ihrer vorzüglichen kulinarischen Eigenschaften die in Europa bereits bekannten „Altweltkürbisse" verdrängten (zu denen aufgrund ihrer teilweise afrikanischen und asiatischen Herkunft auch einige Flaschenkürbisse zu zählen sind). Die Kürbisse der Alten Welt spielen heute keine wirtschaftliche Rolle mehr als Speisekürbisse, sollen aber aus kulturgeschichtlichen Gründen kurz genannt werden.

Typisch für Altweltkürbisse ist eine sehr harte und oft mit einer Wachsschicht überzogene Schale sowie ein faseriges Fruchtfleisch, das mit zunehmender Reife verholzt und vertrocknet. Aus diesem Grund eignen sich diese etwa 8.000 Jahre alten Kulturpflanzen Eurasiens zur Rohstoffgewinnung und Herstellung von Gebrauchsutensilien, während ihre kulinarischen Eigenschaften weit hinter jenen der amerikanischen Verwandten zurückbleiben. Allerdings können auch die Altweltkürbisse verzehrt werden, wenn sie im unreifen Zustand geerntet werden. Dann sind sie noch zart und ähneln in Geschmack und Konsistenz dem Zucchini.

Das Fruchtfleisch des vermutlich aus Indonesien stammenden Wachskürbisses *(Benincasa hispada)* ist im jungen, unreifen Zustand mit 70 mg pro 100 g ein exzellenter Vitamin-C-Lieferant. Die großen, grünen Früchte sind im reifen Zustand von einer Wachsschicht überzogen, aus der früher (und noch heute in China) Kerzenwachs gewonnen wurde.

Der Wachskürbis wurde vermutlich in Indonesien domestiziert.

Die Schwammgurke, eine mächtige, lang gestreckte und leicht gebogene Kürbisfrucht *(Luffa aegyptiaca)*, ist von Natur aus in den tropischen Regionen Asiens beheimatet und wurde zu einem nicht bekannten Zeitpunkt in Indien domestiziert. Es dürfte sich aber im Vergleich zu allen anderen Kürbisgewächsen um eine relativ „junge" Kulturpflanze handeln (wenige tausend Jahre alt). Wie beim Wachskürbis können die unreifen, zarten Früchte, die zu 93 % aus Wasser bestehen, gegessen werden. Sie haben aber keinen besonderen ernährungsphysiologischen Wert. Wegen ihres geringen Energiegehalts können sie im Rahmen einer Diät verzehrt werden, um den Hunger zu stillen, ohne die Kalorienaufnahme sig-

Die Schwammgurke, ein vergessener Rohstofflieferant. Sie gehört zu den Kürbisgewächsen aus den asiatischen Tropen.

nifikant zu erhöhen. Nach der Reifung der Früchte trocknet die Schale zu einer dünnen Schicht ein, während sich das Fruchtfleisch durch Fäulnis abbaut (ähnlich wie beim Trocknen des Flaschenkürbisses). Übrig bleibt ein dichtes, schwammiges Netzwerk aus Fasern. Daraus wurden früher Badeschwämme und Schuheinlagen hergestellt sowie Fasern als Rohstoffe gewonnen. Vielen älteren Menschen aus ländlichen Regionen im Burgenland und der Oststeiermark ist die Schwammgurke noch bekannt.

Ein weiterer in Vergessenheit geratener Altweltkürbis ist die Karela (*Momordica charantia*), die vor unbestimmter Zeit in Indien domestiziert wurde und sich in ganz Europa und Asien verbreitete. Nach der Entdeckung Amerikas gelangte das Kürbisgewächs durch Sklavenhandel nach Mittel- und Südamerika, wo es bis heute kultiviert wird. Bei uns sind die Früchte der Karela nur noch gelegentlich in asiatischen Lebensmittelläden erhältlich. Je reifer die Karela, desto bitterer ihr Geschmack.

Aufgrund ihrer im Vergleich zu den amerikanischen Verwandten geringen kulinarischen Eignung werden die Altweltkürbisse in diesem Buch nicht weiter behandelt. Kulinarische Bedeutung kommt hingegen den Neuweltkürbissen und darunter vorwiegend den Garten- oder Pepokürbissen, Riesenkürbissen und Moschuskürbissen zu. Deren Sortenvielfalt wird im nächsten Abschnitt behandelt.

Nach der Trocknung verwandeln sich Schwammgurken in einen Faserkörper, der unter anderem zur Herstellung von Badeschwämmen und Schuheinlagen genutzt werden kann.

Die Karela ist ein Altweltkürbis mit agrargeschichtlichen Wurzeln in Indien.

Garten- oder Pepokürbisse (Cucurbita pepo)

Patisson (Ufokürbis, 1)

Der Patisson fällt durch seine abgeflachte, ufo-ähnliche Form mit wulstigem, höckerigem Rand auf. Die Schale kann je nach Varietät weiß, cremefarbig, gelb, orange oder auch weiß-gelb marmoriert sein und muss vor dem Kochen entfernt werden. Das weiße Fruchtfleisch hat wenig Eigengeschmack. Es ähnelt dem Fruchtfleisch von vollreifen Zucchini. Der Patisson eignet sich zum Kochen oder Dünsten sowie zum Füllen der halbierten und ausgehöhlten Früchte. Zum Grillen oder Braten ist er nicht geeignet. Besonders zart sind die unreif geernteten, jungen Früchte, die wie Zucchini verwendet und mit der Schale verzehrt werden können. Kleine unreife Früchte können auch essig- oder milchsauer eingelegt sowie zu Chutney verarbeitet werden. Der Patisson eignet sich nicht für Süßspeisen.

Spaghettikürbis (2)

In den 1930-er Jahren in Japan aus einer chinesischen Varietät gezüchtet, hat der Spaghettikürbis eine lang gestreckte, ovale Form mit meist gelber Schale, die aber auch cremefarbig ausfallen kann. Die Schale ist hart und kann nicht verzehrt werden. Das gelbe Fruchtfleisch zeichnet sich durch seinen süßlichen Geschmack aus. Beim Kochen oder Dünsten zerfällt es in lange, schmale Streifen, die an Spagetti erinnern. Aus diesem Grund eignet es sich nicht zum Braten oder Grillen. Jedoch kann der ganze oder halbierte Spaghettikürbis mit Schale im Backofen gegart werden, bis das Fruchtfleisch im Inneren zerfallen ist. Er kann auch als Ganzes gekocht oder gedämpft werden, sofern die Schale vorher rundherum eingestochen wird. Der Kürbis kann dann halbiert, gewürzt und dekoriert serviert werden. Die Schale bleibt nach dem Auslöffeln des Fruchtfleisches übrig. Die Lagerfähigkeit ist beim Spaghettikürbis mit einem halben Jahr im Vergleich zu den meisten anderen Gartenkürbissen deutlich höher.

Spargelkürbis (3)

Der Spargelkürbis ist eine ältere ungarische Züchtung („Spárgatök"). Seine Form ähnelt einer großen Melanzani (Aubergine), kann aber auch bauchig wie eine Birne ausfallen. Es liegen verschiedene Varietäten vor, bei denen das Farbspektrum der Schale von gelb über cremefarbig bis weiß reicht. Das spargelfarbige Fruchtfleisch des geschälten Kürbisses eignet sich exzellent als Gemüsebeilage. Es wird beim Kochen oder Dünsten weich, bleibt aber bissfest und zerfällt (im Gegensatz zum Spaghettikürbis) nicht. Daher eignet es sich auch zum Braten. Seinen Namen trägt der Kürbis von einer bestimmten Zubereitungsweise aus Ungarn, bei der das Fruchtfleisch in schmale, lange Stücke geschnitten wird, die aufgrund ihrer Farbe und Konsistenz nach der Zubereitung an Spargel erinnern.

Steirischer Ölkürbis (4)

Aufgrund einer spontanen Mutation ist die Samenschale des Steirischen Ölkürbisses auf eine hauchdünne Schicht reduziert, sodass das aufwändige Schälen der Samen („Kerne") vor dem Ölpressen nicht nötig ist. Wegen ihrer extrem dünnen Schale eignen sich die „Kerne" auch besonders gut für die Küche. Das Fruchtfleisch des reifen Ölkürbisses schmeckt stark süß und kann zum Kochen genutzt werden, sofern man es in schmale Streifen schneidet oder grob raspelt. Es eignet sich insbesondere für pikante Eintöpfe und benötigt eine lange Garzeit. Zum Braten oder Grillen ist es ungeeignet; grundsätzlich wird es jedoch eher selten zur Zubereitung von Speisen genutzt. Früher wurde das Fruchtfleisch als Nebenprodukt der Kürbiskernernte als Tierfutter eingesetzt. Der kulinarische Wert des reifen Ölkürbisses liegt definitiv bei den Samen. Bevor die Landwirtschaft den Steirischen Ölkürbis für die Ölgewinnung entdeckte, wurde er vereinzelt als Tierfutter angebaut, hatte aber keine nennenswerte agrarische Bedeutung.
Heute sind Ölkürbisfelder in einigen Bundesländern Österreichs ein gewohntes Bild. Die Gewinnung des wertvollen und geschmacklich hevorragenden Kürbiskernöls hat vor allem in der Steiermark einen besonderen Stellenwert. (Ausführliche Informationen zu Anbau, Ernte sowie Ölpressung siehe ab S. 39.)

Stripetti (5)

Die Sorte „Stripetti" ist eine weit verbreitete Varietät des Spaghettikürbisses mit grün gestreifter Schale. Die Eigenschaften des Fruchtfleisches entsprechen denen des Spaghettikürbisses.

Zucchini (6a-6e)

Zucchini sind nichts anderes als unreif geerntete, meistens lang gestreckte Kürbisfrüchte. Es werden aber auch runde Sorten als Zucchini vermarktet. Oft wird die Abgrenzung zwischen Kürbis und Zucchini mit dem buschförmigen Wachstum der Zucchini (im Vergleich zu rankenden Kürbissen) gerechtfertigt. Diese Definition ist aber nicht schlüssig, da auch der Patissonkürbis buschförmig wächst. Lässt man Zucchini voll ausreifen, entwickeln sich daraus stattliche Kürbisse mit harter Schale und einem Gewicht von bis zu 15 Kilogramm. Häufig werden Zucchini aber so jung geerntet, dass an ihrem Ende noch Reste der vertrockneten Blüten zu finden sind. Als Faustregel gilt, dass das Fleisch von bis zu 20 Zentimeter langen Früchten am zartesten ist, bei runden Formen von Früchten mit bis zu 12 Zentimetern Durchmesser.
Die kulinarischen Einsatzgebiete von Zucchini sind vielfältig. Leicht und sommerlich lassen sie sich zum Beispiel als Eintöpfe oder als Zucchinigulasch zubereiten. Gefüllte Zucchini gelten als Delikatesse, wobei die Füllung durchaus auch süße Zutaten, wie Rosinen oder Datteln, mit würzigen verbinden kann, was mit dem Fruchtfleisch exzellent kombiniert. Auch Desserts, wie zum Beispiel Cremen oder Kuchen, werden aus Zucchini zubereitet. Suppen und Saucen aus Zucchini erhalten eine angenehm sämige Konsistenz. Die Garzeit ist kurz, und Zucchini können auch roh verzehrt werden, weshalb sie sich für Salate eignen. Sogar die Zubereitung als Zucchinischnitzel in Panade ist möglich.

Sorte „Striato d'Italia" (6a)
Sorte „Gold Rush" (6b)
Sorte „Tondo Chiaro di Nizza" (6c)
Nicht registrierte Zucchinisorte aus einem niederösterreichischen Bauerngarten (6d)

Nicht registrierte gelbe Zucchinisorte aus einem Kärntner Bauerngarten (6e)

Sortenauswahl der Speisekürbisse

Riesenkürbisse (Cucurbita maxima)

Blue Ballet (1)

Bei der Sorte Blue Ballet handelt es sich um eine blauschalige Varietät des Hokkaidos. Im Gegensatz zum rotschaligen Hokkaido muss der Blue Ballet jedoch vor dem Kochen geschält werden. Die Verwendungsweise des leuchtend orangen Fruchtfleisches entspricht jener des Hokkaidos (siehe S. 24).

Blue Banana (2)

Blue Banana ist eine lang gestreckte Sorte mit blauer Schale und gelbem oder orangem Fruchtfleisch. Die kulinarischen Verwendungsmöglichkeiten der geschälten Frucht sind vielfältig. Das süßliche Fruchtfleisch wird beim Kochen sehr weich und eignet sich für Süßspeisen, Suppen, Saucen und cremige Gerichte sowie als Gemüsebeilage. Blue Banana kann gegrillt und gebraten werden, stellt hierzu aber nicht die erste Wahl dar.

Gelber Zentner (3)

In Europas Kürbisregionen galt der Gelbe Zentner früher als „der" Kürbis. Wenn vom Kürbis die Rede war, war dieser bis zu 50 Kilogramm schwere, kugelrunde oder leicht abgeflachte Kürbis gemeint. Er wurde lange Zeit als Allround-Kürbis eingesetzt und sowohl als Tierfutter als auch als Speisekürbis angebaut. Verdrängt wurde er erst durch den Steirischen Ölkürbis. Die gelbe, netzartig strukturierte Schale verdeutlicht die Verwandtschaft zwischen Kürbis und Zuckermelone. Das faserige, wässrige Fruchtfleisch des Gelben Zentners eignet sich zwar zur Zubereitung von Suppen und Saucen, ist aber vorwiegend für die Herstellung von Kürbismarmelade oder Kürbis-Chutney geeignet. Außerdem kann sein Fruchtfleisch essig- oder milchsauer eingelegt werden.

Hokkaido (4)

Der am weitesten verbreitete Speisekürbis ist die rote Varietät des Hokkaido-Typs, auch als „Red Kuri" bezeichnet. Sein züchterischer Ursprung liegt auf der japanischen Insel Hokkaido. Der rote Hokkaido ist ein Allround-Kürbis mit exzellenten Geschmackseigenschaften. Er ist die einzige Kürbissorte, die vor dem Kochen nicht geschält werden muss, da die Schale so weich wird wie das Fruchtfleisch selbst. Der süß-nussige Geschmack passt zu jeder Art von Gericht. Hokkaidos eignen sich zur Herstellung von Suppen, Saucen, Chutneys, Marmeladen und Gemüsebeilagen, aber auch für Kuchen. Sie können gebraten, gegrillt, gratiniert, gebacken, paniert, gekocht, gedünstet, geschmort und püriert werden. Das gilt auch für die blaue Form „Blue Ballet". Daneben gibt es auch noch eine grünschalige Form des Hokkaidos, die nach dem Schälen ebenso vielseitig verwendet werden kann. Die große kulinarische Besonderheit der Hokkaido-Formen (und insbesondere der roten Varietät) ist ihr extrem cremiges, homogenes Fruchtfleisch, das auf der Zunge „zerschmilzt".

Hubbard (5)

Die Hubbard-Formen sind eng mit dem Hokkaido verwandt. Auch von ihnen gibt es rote, blaue und grüne Formen. Die Früchte sind etwas mehr in die Länge gestreckt und spitzer zulaufend als beim Hokkaido. Hubbardkürbisse müssen vor dem Kochen geschält werden. Ihr Fruchtfleisch kann aber ebenso vielfältig eingesetzt werden wie das des Hokkaidos und weist ähnliche Geschmacks- und Konsistenzeigenschaften auf, wenn es auch nicht ganz so cremig und homogen wie beim Hokkaido ist. Aufgrund seiner extrem harten Schale weist der Hubbardkürbis die längste Haltbarkeit unter den Riesenkürbissen auf und kann bei guten Bedingungen bis ins Frühjahr des Folgejahres gelagert werden.

Pink Jumbo Banana (6)

Hierbei handelt es sich um eine dicke, zigarrenförmige und manchmal bananenartig gebogene Kürbissorte mit einer fleischfarbigen Schale, die einen rosaroten bis pinken Einschlag aufweist. Manche Früchte können auch hellorange sein. Pink Jumbo Banana wurde in der jüngeren Vergangenheit in den USA gezüchtet und erfreut sich aktuell vor allem in Osteuropa großer Beliebtheit. Das Fruchtfleisch ist orange und ähnelt dem des Hokkaidos, ist aber etwas mehliger und fester. Der Kürbis muss geschält werden und kann auf dieselben Arten zubereitet werden wie der Hokkaido, wobei gerade für die Zubereitung von cremigen und zart-schmelzenden Speisen der rote Hokkaido zu bevorzugen ist.

Roter Zentner (7)

Der Rote Zentner ist eine sehr alte Sorte, die im 19. Jahrhundert in Frankreich als „Rouge Vif d´Etampes" gezüchtet wurde und sich seither nicht verändert hat. Die typische Fruchtform ist rund, abgeflacht und sehr breit mit kräftig orangerot gefärbter Schale. Reife Früchte wiegen acht bis zwölf Kilogramm. Das Fruchtfleisch ist wässrig und eignet sich allenfalls für Suppen und Saucen. Der Rote Zentner ist am ehesten für die Zubereitung von Kürbismarmelade und Kürbis-Chutney zu empfehlen. Die Haltbarkeit ist mit drei Monaten gering. Aufgrund der dünnen Schale, des hohen Gewichts (Druck) und des hohen Wasseranteils fangen die Früchte leicht zu faulen an.

Ungarischer Blauer (8)

Auf den ersten Blick ist der Ungarische Blaue nur schwer vom blauen Hokkaido (Blue Ballet) zu unterscheiden. Er ist allerdings deutlich abgeflacht, während der Hokkaido eher spitz zuläuft. Außerdem ist der Ungarische Blaue in der Regel größer als sein Verwandter. Der Riesenkürbis stammt aus der Region Nagydobos im äußersten Nordosten Ungarns und wird in Ungarn als „Nagydobosi Sütötök" bezeichnet („sütötök" bedeutet „Bratkürbis"). Das orange Fruchtfleisch ähnelt dem des Hokkaidos, ist aber fester und mehliger. Außer zum Braten und Grillen eignet sich der Ungarische Blaue als Gemüsebeilage in jeder beliebigen Zubereitungsform. Sein Fruchtfleisch stellt einen geeigneten Rohstoff für Kürbismarmelade und insbesondere für Chutneys dar. Er muss immer geschält werden.

Bischofsmütze (9)

Die Bischofsmütze, manchmal auch Türkenturban genannt, wird 1,5 bis 3 kg schwer und fällt durch ihre prägnante, turbanartige Form auf. Zustande kommt dieses Aussehen folgendermaßen: Wenn die Kürbisfrucht zu wachsen beginnt, bleibt der Blütenansatz als Ring stehen. Je größer der Kürbis wird, umso wulstiger wird das manchmal andersfarbige Fruchtfleisch, das sich um diesen Ring bildet. Die Schale des breiteren, unteren Teils ist rot-orangefarben, manchmal grün gesprenkelt, jene des kleineren oberen Teils ist meist grün mit mehr oder weniger cremefarbenen Längsstreifen.

Das Fruchtfleisch ist hellorange, fest, schmeckt aromatisch und süßlich und eignet sich gut als Gemüsebeilage, zum Backen oder Braten, aber auch für Süßspeisen. Allerdings ist durch diese Verwachsung der Kürbis schwer zu schälen, weshalb oft der kleinere Teil abgeschnitten und der untere, größere Teil ausgehöhlt und mit der aus dem Fruchtfleisch zubereiteten Suppe gefüllt wird.

Moschuskürbisse (Cucurbita moschata)

Butternuss (1)

Der Butternusskürbis (auch „Butternut") ist im Bezug auf Beliebtheit und Bekanntheit dem Hokkaido ebenbürtig. Seine mittelgroßen, gelben oder blass orangen, flaschenförmigen Früchte sind unverkennbar. Gemeinsam mit dem Hokkaido stellt er die „Königsklasse" der Speisekürbisse dar. Der Geschmack des Fruchtfleisches ist süß und nussartig. Die Samenhöhle ist klein und befindet sich im bauchigen Teil der Frucht. Dadurch bleibt der gesamte Hals samenfrei und besteht nur aus Fruchtfleisch, das scheibenförmig abgeschnitten und wie ein Steak gegrillt oder wie ein Schnitzel gebraten sowie gebacken werden kann. Das feste Fruchtfleisch und die Möglichkeit, den Butternusskürbis in kompakte Scheiben zu schneiden, macht diese Sorte zu einem der beiden besten Grill-, Brat- und Backkürbisse (neben dem Langen von Neapel). Er eignet sich aber auch für jede andere Zubereitungsform und macht sich dank der hohen natürlichen Süße hervorragend als Zutat für Kürbismarmelade mit verringertem Zuckerzusatz. Auch für Chutneys ist der Butternusskürbis so gut geeignet wie kein anderer, da sein süßer Geschmack perfekt mit würzigen und scharfen Speisen harmoniert. Anders als der Hokkaido muss der Butternusskürbis geschält werden. Bei guter Lagerung ist er über den gesamten Winter haltbar.

1

2

Eichelkürbis (2)

Der Eichelkürbis oder „Acorn Squash" wurde im 19. Jahrhundert von amerikanischen Ureinwohnern in North Dakota gezüchtet und 1913 in die Saatgutliste der USA aufgenommen. Seine zum Fruchtende hin spitz zulaufende Form erinnert an die Eicheln der Amerikanischen Roteiche. Darüber hinaus weist der Eichelkürbis charakteristische Längsfurchen auf, die das Schälen erschweren können. Die äußerst harte, grüne, mehr oder weniger gesprenkelte Schale muss vor dem Kochen entfernt werden. Das orange oder dunkelgelbe Fruchtfleisch ist süß, nussig, fest und mehlig. Die Samenhöhle nimmt relativ viel Raum ein, sodass aus dem Fruchtfleisch keine größeren Stücke zum Braten oder Grillen gewonnen werden können. Der Eichelkürbis eignet sich daher vor allem als Gemüsebeilage, für Suppen, Saucen, Marmeladen und Chutneys. Auf der Abbildung 2 sind ein grüner Eichelkürbis sowie zwei bunte Kreuzungen zu sehen.

Festivalkürbis (3)

Der Festivalkürbis ist eine genetisch eng mit dem Eichelkürbis verwandte, moderne Züchtung aus Deutschland. Seine kulinarische Eignung entspricht ungefähr der des Eichelkürbisses. Seine Früchte sind meist etwas breiter und nicht so spitz wie beim nahen Verwandten aus den USA. Wegen seiner mehrfarbigen Schale (gelb-weiß-grün) wird der Festivalkürbis auch als Zierkürbis gehandelt. Er wird oft im Rahmen von Feierlichkeiten als Dekoration verwendet.

Französische Beere (4)

Die Französische Beere weist eine dicke, walzenförmige und meistens leicht gebogene Fruchtform mit grüner Schale und cremefarbenen sowie gelb-orangen Flecken auf. Das Fruchtfleisch ist orange und mit dem des Butternusskürbisses vergleichbar. Der Geschmack ist süßlich, leicht nussig, aber nicht so ausgeprägt nussig wie beim Butternusskürbis. Die Französische Beere eignet sich im Besonderen zum Grillen, Braten und Backen. Sie muss geschält werden.

Futsu Kurokawa (5)

Hierbei handelt es sich um eine sehr alte Sorte aus Japan, die ihn ihrem Herkunftsland heute kaum mehr Bedeutung als Speisekürbis hat, sich jedoch in Europa zunehmender Beliebtheit erfreut und hier auch als „Futsu Black" im Handel ist. Die Früchte sind dunkelgrün, im vollreifen Stadium rotbraun. Sie sind im Querschnitt rund mit Längsfurchen und am Fruchtansatz sowie Fruchtende abgeflacht. Die Größe bleibt bei einem Gewicht von 0,7 bis 1,5 Kilogramm sehr kompakt, weshalb dieser Kürbis ideal für kleine Haushalte oder als Beilage ist. Nach dem Schälen kann das süßliche Fruchtfleisch als Gemüse zubereitet oder zu Chutneys verarbeitet werden. Zum Braten und Grillen ist der Kürbis wegen der großen Samenhöhle nicht geeignet.

Muskatkürbis (6)

Der aus der französischen Provence stammende Muskatkürbis („Muscade de Provence") ist der „König" der Moschuskürbisse. Seine Früchte wiegen sieben bis 40 Kilogramm, sodass sie häufig in portionierten Stücken verkauft werden. Die Fruchtform ist rund, stark abgeflacht mit tiefen Längsrippen, die als Wulste hervortreten. Die Schale bleibt sehr lange dunkelgrün und schlägt erst beim Eintritt der Reife auf beige oder rotgelb um. Solange die Früchte vollständig grün sind, ist die Schale dünn und verletzlich, muss aber trotzdem vor dem Kochen entfernt werden. In diesem Stadium ist das orange Fruchtfleisch, das sich durch einen hervorragenden, süßlich-aromatischen, etwas herben Geschmack auszeichnet, besonders gut zum Verzehr geeignet. In der Küche erweist sich der Muskatkürbis als Allrounder und eignet sich insbesondere für Gemüsegerichte, Suppen, Kuchen, Marmeladen, Chutneys und als Grill- und Bratkürbis.

Langer von Neapel (7)

Die Früchte des in Italien gezüchteten „Langen von Neapel" erreichen Dimensionen von bis zu einem Meter Länge und 20 Zentimetern Breite. Die Schale ist auf dunkelgrünem Hintergrund feurig-orange oder gelb geflammt – eine Augenweide! Das Fruchtfleisch ähnelt geschmacklich dem des Muskatkürbisses, ist aber etwas fester und süßer. Die größte Besonderheit des Langen von Neapel ist das Verhältnis zwischen Samenhöhle und Fruchtfleisch. Die kleine Samenhöhle befindet sich (wie beim Butternusskürbis) im bauchigen Endteil des Kürbisses. Der gesamte, ausgesprochen lange Hals ist frei von Samen. Dadurch eignet sich der Lange von Neapel sogar noch besser als der Butternusskürbis zum Abschneiden von Scheiben, die als Schnitzel, Medaillons oder Steaks gegrillt, gebraten und gebacken werden können. Er muss geschält werden. Butternuss und Langer von Neapel sind die beiden besten Kürbisse zum Grillen und Braten.

Trompetenkürbis (8)

Der ebenfalls aus Italien stammende Trompetenkürbis („Trompetta di Albenga") hat die Form eines Posthorns. Wie beim Butternusskürbis und beim Langen von Neapel ist die Samenhöhle auf das bauchige Ende beschränkt und der gesamte gebogene Hals ist frei von Samen. So gesehen würde er einen guten Brat- und Grillkürbis darstellen, doch leider zerfällt sein Fruchtfleisch manchmal oder es wird matschig. Der Trompetenkürbis kann auf jede andere Art zubereitet und muss stets geschält werden. Sein Fruchtfleisch schmeckt ähnlich wie das vom Butternusskürbis, jedoch in jeder Hinsicht weniger intensiv (weniger süß und weniger nussig).

So gesund!

Inhaltsstoffe von Kürbissen

Speisekürbisse

Der Kürbis ist sehr gut verdaulich und bekömmlich. Er eignet sich daher auch als Schonkost. Sogar während einer Diät kann durchaus zum Kürbis gegriffen werden, da Kürbisfruchtfleisch mit ca. 65 kcal pro 100 Gramm sättigt, ohne die Kalorienzufuhr unnötig zu erhöhen. Die beliebten Panzerbeeren sind reich an Carotinen, die im menschlichen Körper freie Radikale einfangen und daher die Gefahr von krankmachenden Schädigungen des Erbmaterials in den Zellen verringern (anti-karzinogene Wirkung). Kürbis enthält außerdem viel Vitamin B1, welches in zahlreichen Bereichen des menschlichen Stoffwechsels wichtige Funktionen übernimmt, indem es als Bestandteil von Enzymen benötigt wird und insbesondere die Verstoffwechselung von Kohlenhydraten unterstützt. Auch unser Nervensystem benötigt Vitamin B1, um Signale von Nervenzelle zu Nervenzelle zu leiten. Das Vitamin verbessert die Gedächtnisleistung. Der Kürbis ist darüber hinaus ein Vitamin-C-Lieferant (12 mg pro 100 g) und versorgt uns mit Vitamin E und dem Spurenelement Selen. Vitamin E fungiert ebenfalls als Antioxidans, fängt also freie Radikale ein. Es ist wichtig für unsere Immunfunktion, schützt die Membranen unserer Zellen und beugt Arteriosklerose vor, ist also eine Herzschutzsubstanz. Selen wird für ein gesundes Immunsystem benötigt, sorgt für feste Nägel und soll die Haarstruktur verbessern. Kürbisfruchtfleisch ist eine gute Quelle für weitere Spurenelemente wie beispielsweise Eisen, Magnesium, Kalium, Phosphor und Kalzium. Außerdem enthält es Ballaststoffe für eine funktionierende Verdauung.

Nährwertangaben (am Beispiel des Hokkaidos):
Pro 100 Gramm Fruchtfleisch: 91,3 g Wasser; 1,1 g Eiweiß; 0,1 g Fett; 4,6 g Kohlenhydrate; 185 mg Kalium; 20 mg Kalzium; 45 mg Phosphor; 0,8 mg Eisen; 12 mg Vitamin C; 2 mg Provitamin A; 0,05 mg Vitamin B1; 0,06 mg Vitamin B2; 0,05 mg Vitamin B3

Kürbiskerne bzw. Kürbiskernöl

Die Samen von Ölkürbissen und insbesondere das daraus gewonnene Kürbiskernöl sind reich an ungesättigten Fettsäuren. Das Öl enthält etwa 35 % einfach ungesättigte und 45 % mehrfach ungesättigte Fettsäuren, die durch ihre gefäßerweiternde Wirkung die Herzgesundheit verbessern, entzündungshemmende Eigenschaften besitzen und rheumatische Beschwerden lindern können. Besonders hervorzuheben ist der hohe Gehalt an Linolsäure, der beim Kürbiskernöl bei mindestens 20 % liegt. Diese zweifach ungesättigte Fettsäure repariert Lichtschäden an der Haut (photo-oxidative Schäden), lindert Hautreizungen und übernimmt eine wichtige Funktion bei der Bildung von Ceramiden, die den wesentlichen Bestandteil der äußersten Schicht der Epidermis bilden (Stratum corneum mit Hautschutzbarriere). Die Aufnahme von Linolsäure wirkt sich günstig bei atopischen Ekzemen aus (Neurodermitis), da bei dieser Krankheit eine Störung der Hautschutzbarriere vorliegt. Kürbiskernöl wird traditionell in der Behandlung von Erkrankungen der Harnwege bei Männern und Frauen eingesetzt und soll vor Prostatakarzinomen schützen. Diese Wirkung ist noch nicht klinisch bewiesen, jedoch konnte an Tieren nachgewiesen werden, dass Kernöl einen Rückgang von Prostatavergrößerungen bewirkte, welche wiederum das Krebsrisiko erhöhen. Hierfür dürfte unter anderem das im Öl enthaltene Arginin verantwortlich sein, eine für den Menschen semi-essentielle Aminosäure, für die bereits nachgewiesen wurde, dass sie die Ausbreitung von Metastasen bei Krebserkrankungen unterdrückt. Arginin senkt außerdem nachweislich erhöhten Blutdruck.
Natürlich sind der Kürbis sowie das Kürbiskernöl keine Allheilmittel und auch kein Ersatz für medizinische Behandlungen. Kürbisse, ihre Samen und das daraus gewonnene Öl können aber bei regelmäßigem Konsum im Rahmen einer vielfältigen, gesunden Ernährung – stets in Kombination mit ausreichend Bewegung an frischer Luft – einen Beitrag zur Gesunderhaltung des Organismus leisten.

Ganz einfach

Anbau, Lagerung, Samengewinnung

Jungpflanzenanzucht

Die Anzucht der Kürbispflanzen erfolgt zwischen Ende April und Mitte Mai. Sie kann auch noch bis Ende Mai durchgeführt werden, wobei sich der Reifezeitpunkt dann natürlich verschiebt und der Gesamtertrag geringer ist. Reifes Saatgut kann im Herbst bei spät kultivierten Pflanzen ebenfalls nicht gewonnen werden.

Beim Kürbis ist es nicht nötig, die Samen zuerst in Aussaatkisten auszubringen und die kleinen Pflänzchen nach der Keimung zu vereinzeln („pikieren"), um sie in weiterer

Verschiedene Formen von Mehrfachtopfplatten sowie Einzeltöpfe (ganz links im Bild).

Folge in Mehrfachtopfplatten („Multi-Pots") oder Einzeltöpfe zu verpflanzen, wie es in manchen Gärtnerei-Lehrbüchern empfohlen wird. Das Vereinzeln kostet nicht nur viel Zeit, sondern birgt auch die Gefahr, dass die zarten Wurzeln der Pflänzchen dabei beschädigt werden. Es ist zu empfehlen, diesen Arbeitsschritt zu überspringen. Stattdessen befüllt man gleich die Mehrfachtopfplatten mit Anzuchterde. Die Samen werden einzeln in die Erde gedrückt. Dabei gilt die Faustregel, dass sie ungefähr so tief in die Erde geschoben werden sollen, wie der jeweilige Same lang ist. Die Erde wird danach leicht angedrückt, jedoch keinesfalls festgedrückt. Die erste Bewässerung sollte sofort erfolgen, wobei auf eine gute Durchfeuchtung der gesamten Erde zu achten ist, ohne dass die Erde nass wird (Fäulnisgefahr des Samenkorns).
Die Topfplatten können in günstigen Lagen, wenn kein Nachtfrost mehr zu erwarten ist, einfach im Freien an einer Stelle mit ausreichend Sonnenlicht an die Hauswand gestellt werden, wobei auf Schutz vor Unwetter zu achten ist (Dachvorsprung oder Nische). Die Anzucht kann auch in der Wohnung an einem Fenster mit genügend Sonnenlicht erfolgen. Ideal ist natürlich die Nutzung eines Gewächshauses oder eines Frühbeets. Beides ist aber beim Kürbis nicht unbedingt notwendig. Durch regelmäßige Bewässerung ist auf eine dauerhafte Durchfeuchtung der Erde zu achten.

Die Jungpflanzen brechen in der Regel nach etwa zehn Tagen hervor und wachsen danach zügig. Zuerst sind nur zwei ovale Keimblätter zu sehen. Zwischen diesen entwickelt sich der Trieb. Bald entfaltet sich das erste Laubblatt. Sofern Mehrfachtopfplatten benutzt wurden, müssen die Jungpflanzen zu diesem Zeitpunkt in Einzeltöpfe mit zehn bis zwölf Zentimetern Durchmesser versetzt werden. Die Pflanzen dürfen nicht so lange in den Platten belassen werden, dass ihre Wurzeln unten herauswachsen, da es dann beim Herausnehmen des Setzlings zu Schäden an den Wurzeln kommen sowie Nährstoffmangel eintreten würde. Die Verpflanzung muss sehr behutsam erfolgen. Am besten drückt man den Erdwürfel von unten aus seinem Abteil und hebt ihn dann nach oben, indem man den Erdwürfel selbst zwischen zwei Finger nimmt und niemals an der Pflanze zieht. Die ovalen Keimblätter vertrocknen in weiterer Folge und sterben ab. Die Einzeltöpfe dürfen nicht zu nahe aneinander abgestellt werden, da die rasch heranwachsenden Pflanzen sonst anfangen, sich mit ihren Blättern gegenseitig Licht wegzunehmen. Dies hätte zur Folge, dass sie rasch in die Höhe wachsen. Eine hohe, schmale Jungpflanze wäre nach der Auspflanzung bei Wind und Regen stark knickgefährdet.

Alternativ dazu ist es möglich, die Samen gleich in die Einzeltöpfe auszubringen und sich die Mehrfachtopfplatten zu ersparen. In diesem Fall muss aber damit gerechnet werden, dass je nach Sorte und Saatgutquelle 10–20 %

Kürbis-Jungpflanzen in Mehrfachtopfplatten etwa zwei Wochen nach der Aussaat. Die ovalen Keimblätter sind noch deutlich sichtbar.

Kürbis-Jungpflanze mit dem ersten Laubblatt kurz vor der Umpflanzung in einen Einzeltopf.

Zahlreiche Kürbis-Jungpflanzen mit bereits jeweils zwei Laubblättern in Einzeltöpfen.

der Samen nicht keimen und dadurch ein Teil der Töpfe umsonst bereitgestellt und mit Erde befüllt wird.

Auspflanzung und Kulturpflege

Die Auspflanzung der Jungpflanzen erfolgt in der zweiten Maihälfte, sobald keine Spätfröste mehr zu erwarten sind. Zu diesem Zeitpunkt kann das Saatgut auch direkt ins Gartenbeet ausgebracht werden, ohne vorherige Anzucht (Landwirte säen die Kürbissaat Mitte Mai direkt am Acker aus).

Der Kürbis bevorzugt leichte bis mittelschwere, gut durchlüftete Böden mit hohem Humusgehalt und mag Kompost als Dünger. Es ist aber nicht empfehlenswert, ihn in unmittelbarer Nähe eines Komposthaufens anzubauen, da er dann aufgrund des Überangebots an Stickstoff zwar enorm rasch wächst und eine große Blattmasse bildet, jedoch weniger weibliche Blüten und Früchte ansetzt.

Der Patissonkürbis ist (abgesehen vom Zucchini) der einzige Kürbis, der buschig wächst und nicht rankt. Er benötigt daher weniger Platz als die anderen und verträgt 2 Pflanzen pro Quadratmeter. Beim Patisson empfiehlt sich ein Reihenabstand von einem Meter und Pflanzabstände in der Reihe von 0,5 Metern. Alle anderen Sorten bilden auslaufende Seitentriebe mit Ranken und benötigen mehr Platz. Als Faustregel gilt: 1,5 Meter Reihenabstand bei Pflanzabständen von einem Meter in jeder Reihe. Bei Muskatkürbis, Langem von Neapel, Trompetenkürbis und Gelbem Zentner empfiehlt sich ein Reihenabstand von 2 Metern (und ebenfalls ein Meter Abstand in der Reihe).

Während kälterer Perioden mit Temperaturen unter 5 °C kann der Kürbisbestand mit Vlies abgedeckt werden. Im Laufe der Kulturzeit sorgt regelmäßiges Hacken, das nur flach durchgeführt werden soll, für eine gute Bodenbelüftung sowie ein geringes Aufkommen von Beikräutern. Sobald der Bestand geschlossen ist und der Boden durch die großen Blätter der Kürbispflanzen beschattet wird, kann auf Beikrautregulierung verzichtet werden. Durch ihre großen Blätter geben Kürbispflanzen viel Wasser ab. Während trockener Perioden ist daher auf regelmäßige Bewässerung zu achten, wobei Staunässe unbedingt zu vermeiden ist.

Der Kürbis eignet sich für die Mischkultur mit Stangenbohnen und Mais. Der Mais dient als Kletterhilfe für die Bohnen, die durch ihre Symbiose mit Knöllchenbakterien den Boden mit Stickstoff anreichern, der wiederum dem Kürbis und dem Mais zur Verfügung steht. Als erstes

Kürbisbestand im Juni.

wird bei dieser Mischkultur Mitte April oder Anfang Mai der Mais ausgesät, gefolgt von der Bohne Mitte Mai und vom Kürbis Ende Mai - in diesem Fall empfiehlt sich die Direktsaat. Die Maispflanzen benötigen einen Vorsprung, um von den Stangenbohnen schadlos berankt werden zu können. Bei dieser Mischkultur benötigt die Stangenbohne keine weitere Kletterhilfe. Der Kürbis soll als letztes keimen, um mit seinen großen Blättern nicht das Hochwachsen der Bohne und des Mais zu behindern. Andere gute Nachbarn für den Kürbis sind Erbse und Zwiebel. Die Kartoffel ist als Partner nicht zu empfehlen.
Bereits gegen Ende Juli können die ersten reifen Früchte geerntet werden. Unreife Kürbisse zum Einlegen sind natürlich schon früher zu finden. Die Haupternte findet im September und Oktober statt und kann sich in guten Jahren bis in den November ziehen.

Samenernte (Herstellung von eigenem Saatgut)

Der Kürbisanbau mit dem Ziel, reife Samen zu gewinnen, wird als „Samengärtnerei" bezeichnet. Wer eigenes Saatgut ernten möchte, muss der ausgeprägten Gefahr einer ungewollten Kreuzung entgegenwirken. Dabei können zwar mitunter interessante Formen entstehen, jedoch ist das Ergebnis in keiner Weise voraussehbar. Vor allem, wenn auch Zierkürbis angebaut wird, besteht die Gefahr, dass sich dieser mit dem Speisekürbis kreuzt. Zierkürbisse enthalten oft hohe Mengen des Bitterstoffs Cucurbitacin, der die Früchte ungenießbar macht und Übelkeit sowie Erbrechen bis hin zu Vergiftungserscheinungen hervorrufen kann.
Bei der Samengärtnerei mit Speisekürbissen sollte auf den Anbau von Zierkürbissen verzichtet werden.
Zwischen verschiedenen Sorten der Speisekürbisse ist auf einen Sicherheitsabstand von mindestens 250 Metern zu achten. Noch mehr Sicherheit bietet der Anbau in einem Folientunnel, wobei jeder Tunnel nur eine Sorte beherbergen soll und außerdem ein Hummelvolk zur Bestäubung anzusiedeln ist.
Alternativ dazu kann die Bestäubung im Freiland kontrolliert per Hand durchgeführt werden (mit den genannten Sicherheitsabständen). Auf diese Weise kann das unbeabsichtigte Einkreuzen zufriedenstellend verhindert werden. Mit dieser Methode können auch gezielt Kreuzungen vorgenommen werden, mit dem Ziel, neue Sorten hervorzubringen. Es empfiehlt sich allerdings nicht, die weibliche Kürbisblüte mit dem Pollen derselben Pflanze zu bestäu-

Weibliche Kürbisblüten haben einen kompakten Ansatz mit Fruchtknoten (hier bereits zum Fruchtansatz entwickelt).

Männliche Kürbisblüten sind gestielt, haben keinen Knoten und ragen meistens nach oben.

ben, da es hierbei zwar zur Fruchtbildung kommt, die Samen aber keimungsunfähig sein können.
Unbedingt zu beachten ist, dass sich die reifen Blüten am frühen Morgen und immer nur für einen Tag öffnen. Es müssen also abends jene Blütenknospen identifiziert werden, die kurz vor der Öffnung stehen. Das ist am Anschwellen der Knospen zu erkennen, die von der Spitze her gelb werden. Solche Blüten werden durch ein locker sitzendes Vlieshäubchen oder durch vorsichtige Verklebung verschlossen, um eine unkontrollierte Insektenbestäubung auszuschließen. Das wird nur an einer geringen Anzahl ausgewählter, gesunder Pflanzen durchgeführt. Darüber hinaus ist es empfehlenswert, auch männliche Blüten zu isolieren, die allerdings nicht auf denselben Pflanzen wie die weiblichen sitzen dürfen. Am nächsten Tag erfolgt spätestens bis Mittag die Inspektion der Blüten. Nach Lockerung des Verschlusses müssen sie deutliche Zeichen einer Öffnung aufweisen, was man an der Spreizung der Blütenblätter erkennt. Ist dies nicht festzustellen, wartet man einen weiteren Tag ab. Reife Blüten öffnen sich gleich nach der Entfernung der Isolierung. Die Öffnungsbewegung erfolgt langsam, aber sichtbar. Mit einem weichen, sauberen Pinsel entnimmt man den Staubblättern der männlichen Blüten Pollen und überträgt diese auf die Narben der weiblichen Blüten. Bestäubte Blüten werden markiert und für weitere 24 Stunden verschlossen, um ein „Dazwischenfunken" von Insekten zu verhindern. Die Kennzeichnung dient im Herbst dem Auffinden der Früchte, die aus Handbestäubung hervorgegangen sind. Die Markierung muss so locker angebracht werden, dass eine Verdickung des Stängels im Laufe des Wachstums noch möglich ist.
Unabhängig davon, ob man die Handbestäubung durchgeführt oder sich nur auf den Sicherheitsabstand verlassen hat, müssen die Früchte für die Samenernte voll ausreifen. Die Schalen sind dann satt gefärbt und hart. Die äußerste Fruchthaut kann im Zustand der Vollreife nicht mehr mit dem Fingernagel eingeritzt werden. Die Stängel sind fest und trocken. Diese Früchte müssen mitsamt dem Stiel abgetrennt werden. Zunächst werden sie für vier bis fünf Wochen gelagert, um nachzureifen. Nur bei den Garten- oder Pepokürbissen fällt die Nachreifung aus. Die Samen werden aus der Samenhöhle geschabt und unter fließendem Wasser gründlich vom Fruchtfleisch befreit. Falls Fruchtfleischreste zu fest anhaften, werden die Samen einige Stunden, zum Beispiel über Nacht, eingeweicht. Im Anschluss wird das Saatgut ausgebreitet und gründlich getrocknet. Erst wenn es trocken ist, kann es eingelagert werden (z. B. in gut verschlossenen Gläsern).

Kürbis-Saatgut kaufen

Nicht jeder will sein Saatgut selber herstellen. Viele Hobbygärtner wählen die bequemere Variante, ihre Kürbisse aus gekauftem Saatgut zu ziehen. Die bekannten Sorten sind natürlich in jeder Gärtnerei und in Gartencentern erhältlich. Sogar die meisten Supermärkte bieten Kürbissamen der beliebtesten Sorten (z. B. Hokkaido, Butternuss und Muskatkürbis) an.
Auf Raritätenmärkten, die im Frühjahr in vielen Gärtnereien, botanischen Gärten usw. abgehalten werden, werden jene fündig, die auf der Suche nach seltenen Sorten sind. Die größte Auswahl verschiedenster Kürbissamen bieten jedoch Online-Shops, von denen an dieser Stelle nur einige Beispiele genannt werden sollen:

www.reinsaat.at/shop/kuerbis/
www.baldur-garten.at (Suchbegriff: Kürbissamen)
www.dreschflegel-shop.de (Suchbegriff: Kürbis)
www.samenhaus.de/gemuesesamen/kuerbissamen/
www.sperlishop.de/gemuese/kuerbis/
www.nebelung-shop.de (Suchbegriff: Kürbissamen)
www.kcb-samen.ch/

Eine große Auswahl an verschiedenen Kürbissamen bietet z. B. die Firma Reinsaat in Niederösterreich.

Kürbisse einlagern

Vor allem die Sorten der Riesen- und Moschuskürbisse lassen sich für den Winter einlagern. Bei unverletzter Schale ist eine Haltbarkeit von sechs Monaten bis maximal einem Jahr möglich (bei idealen Verhältnissen). Kürbisse, die überwintern sollen, müssen mit einem möglichst langen Teil des Stängels geerntet werden. Der Lagerraum muss trocken sein. Die Temperatur soll 10 °C betragen. Dunkle Räume sind besonders geeignet. Von großer Bedeutung ist auch die optimale Anordnung der Kürbisse. Sie dürfen einander nicht berühren und nicht zu hart aufliegen. Ein Rost aus Holz ist eine geeignete Unterlage. Früchte, die weiche Stellen bekommen und deren Schalen Verletzungen aufweisen, sind laufend zu entfernen, da sie einen Fäulnisherd darstellen würden. Wer dem Kürbis diese Bedingungen ermöglicht, wird lange Freude an den geernteten Früchten haben und ihre kulinarischen Vorteile fast das ganze Jahr über genießen können.

© Stefan Kristoferitsch

Der Kürbis und sein Öl

Eine Besonderheit aus der Steiermark

Von Mag. Theresia Fastian
Ernährungwissenschaftlerin
Projekt Höherqualifizierung Steirisches Kürbiskernöl g.g.A.,
Landwirtschaftskammer Steiermark

Wie schon auf S. 20 beschrieben, gehört der Steirische Ölkürbis zu den Garten- oder Pepokürbisse *(Cucurbita pepo)*. Aus seinen Samen wird Kürbiskernöl gewonnen. Einen ganz besonderen Stellenwert nimmt der Anbau von Ölkürbissen und die Gewinnung von Kürbiskernöl in der Steiermark ein: das „steirische grüne Gold" ist inzwischen über die Grenzen hinaus bekannt. Natürlich wird nicht nur in der Steiermark Kürbiskernöl hergestellt. „Steirisches Kürbiskernöl" jedoch hat seit 1996 einen von der Europäischen Union vergeben Herkunftsschutz: „g.g.A." bedeutet „geschützte geografische Angabe". Was es damit auf sich hat, wird weiter unten erläutert. Zunächst geht es darum, wie die orange-grünen „Plutzer", wie sie im steirischen Dialekt heißen, angebaut, gepflegt und geerntet werden und wie ihre ölhaltigen Samen gewonnen und daraus Kürbiskernöl gepresst wird.

Der steirische Ölkürbis und das Kürbiskernöl

Der Ölkürbis in der Steiermark

Wie genau der ursprüngliche Ölkürbis in die Steiermark kam, bleibt in erster Linie Spekulation, zumal dieser früher hauptsächlich zu Fütterungszwecken des Viehs am Hof angebaut wurde und eher als „Arme Leute Essen" galt. Aus verschiedenen historischen Quellen geht hervor, dass zumindest schon zu Zeiten Maria Theresias Kürbiskernöl aus damals noch hart beschalten Kernen erzeugt und in der Volksmedizin als wertvolles Samenöl unter anderem zur Hautpflege und Salbenherstellung herangezogen wurde. Für kulinarische Zwecke diente das Kürbiskernöl damals weniger. Erst gegen Ende des 19. Jahrhunderts tauchten die ersten Ölkürbisse mit weichschaligen, dunkelgrünen Samen auf. So wurde aus dem ursprünglich sehr hellen Pflanzenöl das inzwischen weithin bekannte Steirische Kürbiskernöl mit seinen charakteristischen optischen und kulinarischen Eigenschaften.

Ölgewinnung

Den ersten sicheren Nachweis für Kürbisanbau zur Ölgewinnung in der Steiermark liefern Hofübergabe-Inventarlisten aus der ersten Hälfte des 18. Jahrhunderts. Obwohl die Gewinnung des Öls aus diesen Kernen sehr aufwendig war, setzte sie sich durch, denn im Gegensatz zu anderen Ölsaaten war der Kürbiskern größer und ölreicher.

Das Auftauchen des uns heute bekannten Steirischen Ölkürbisses (lat. *Cucurbita pepo convar. pepo var. styriaca*) mit seinen weichschaligen Kernen brachte eine wesentliche Arbeitserleichterung bei der Ölgewinnung.

Die „Weichschaligkeit" der Kerne entstand nach heutigen Vermutungen durch eine zufällige Mutation der ur-

Kürbispflanzen benötigen ausreichend Platz zum Wachsen.

sprünglich dicken, harten bzw. verholzten Samenschale zu einem sehr dünnen Häutchen. Findige Bauern erkannten rasch die Vorteile dieser „Mutanten", und schon in den 1920er Jahren herrschte in der Weststeiermark, im Gebiet um Deutschlandsberg, bereits der *„unschoalete"* (= unbeschalte) Kern vor.

Weichschalig, dunkelgrün und dickbauchig – so sollen die ölhaltigen Samen des Steirischen Ölkürbisses sein.

Der Ölkürbis – Saatgut, Anbau und Pflege

Sortenreines Saatgut

Prinzipiell wird zwischen Populations- und Hybridsorten unterschieden. Mittels Populationszüchtung entstandene Sorten sind für eine Saatgutgewinnung und zum Nachbau geeignet. Registrierte Sorten für den Ackerbau in Österreich sind zum Beispiel *Gleisdorfer Ölkürbis, GL Classic* oder *Retzer Gold*. Die durch Hybridzüchtung entstandenen Sorten sind meist ertragreicher und widerstandsfähiger gegenüber Krankheiten und Witterungseinflüssen, daher im Ackerbau zur Kerngewinnung sehr beliebt. Für den Nachbau bzw. eine hauseigene Weitervermehrung sind sie aber nicht empfehlenswert.

Welche Sorte passt für meinen Hausgarten?

Gleisdorfer Ölkürbis ist die traditionelle Sorte des Steirischen Ölkürbisses, relativ robust, langtriebig und für alle Standorte geeignet. Sie stellt die Basis aller züchterischen Weiterentwicklungen in diesem Bereich dar. Die Sorte *GL Classic* zum Beispiel wurde daraus entwickelt, ist resistenter gegenüber Krankheiten und ertragreicher. Von diesen beiden „steirischen" Sorten Saatgut für den Hausgebrauch in Kleinstmengen zu bekommen ist allerdings sehr schwierig und für interessierte Hobbygärtner bis dato offiziell nur über Landwirte möglich, die sie für die Kernölgewinnung anbauen.
Die Sorte *Retzer Gold* wurde extra für die anspruchsvollen Witterungsbedingungen im Nordosten Niederösterreichs entwickelt. Sie kann je nach Verfügbarkeit in Kleinstmengen auch online über die Reinsaat KG in St. Leonhard am Hornerwald bezogen werden (www.reinsaat.at).
Andere Ölkürbissorten, die für den Ackerbau in Österreich zwar nicht registriert sind, aber sich dennoch gut für den hauseigenen Anbau im Garten eignen, stehen über die ARCHE NOAH in Schiltern zur Verfügung. Diese speziellen Sorten können entweder über eine Sonderanfrage an das Samenarchiv (info@arche-noah.at) oder, sofern im aktuellen Jahr vermehrt verfügbar, online direkt auf https://shop.arche-noah.at/ bestellt werden.

Anspruchsvoll und empfindlich

Der Steirische Ölkürbis ist eine wärmeliebende Pflanze, die viel Platz zum Wachsen benötigt. Ein bis zu 10 Meter langer rankender Spross mit riesigen gelappten Laubblättern auf stachelig behaarten eckigen Stielen – so erscheint die Ackerkultur, in Reihen angebaut, am Feld.

Vegetationsablauf der Kürbispflanze:

- 1–2 Wochen nach Anbau: Keimling durchbricht die Erdoberfläche
- 6–8 Wochen nach Anbau: Blühbeginn, Hauptblüte eines Bestandes dauert 5–6 Wochen
- 3–4 Wochen nach Hauptblüte: Abreife beginnt
- Ernte: 4–5 Monate nach Aussaat (sorten- und witterungsabhängig)

Der Ölkürbis gedeiht am besten im warmen Klima mit hoher Luftfeuchtigkeit, in windgeschützten sonnigen Lagen und benötigt dieselben Bodenbedingungen wie Speisekürbisse (siehe S. 34).
Die Aussaat erfolgt – je nach Lage bzw. Region und Witterungsbedingungen – Anfang April bis Mitte Mai, wobei die Kürbissamen eine Bodentemperatur von mindestens 10 °C zum Keimen benötigen. Aber Achtung: Die jungen Sprösslinge zeigen sich empfindlich gegenüber Spätfrösten im Frühjahr. Sollte der Kürbis im Glashaus vorgezogen

Die jungen Kürbissprösslinge sind noch frostempfindlich.

werden, ist es daher ratsam, die Pflanze erst nach den sogenannten „Eisheiligen“ Mitte Mai ins Freie zu setzen bzw. bei Frostgefahr entsprechend zu schützen.

Im Idealfall reicht eine maschinelle und händische Hacke für die Unkrautbekämpfung aus, wenn diese ordentlich und zeitgerecht durchgeführt wird, denn starke Verunkrautung hemmt die jungen Kürbispflanzen im Wachstum und behindert deren Entwicklung. Kürbistriebe dürfen im Zuge der Pflegemaßnahmen aufgrund deren Adventivwurzelbildung aber nicht umplatziert werden.

Die Hacke ist eine wichtige Pflegemaßnahme beim Kürbisanbau.

Blüten und Bestäubung

In der Regel beginnt der Kürbisbestand sechs bis sieben Wochen nach Aufgang der Sprösslinge zu blühen. Da beim Ölkürbis die Blüten entweder männlichen oder weiblichen Geschlechts sind, benötigen diese Insekten zur Bestäubung. Die großen glockenförmigen Blüten scheiden daher innen am Blütenboden zur Anlockung zuckerhaltigen Nektar aus. Die weiblichen Blüten sitzen auf kurzen Stielen und besitzen einen dicken, unterständigen Fruchtknoten, aus dem nach erfolgreicher Bestäubung die Kürbisfrucht gebildet wird. Die männlichen Blüten werden von einem längeren, dünneren Stiel empor gestreckt und sind meist etwas schmaler.

Bestäubende Insekten wie Bienen und Hummeln besuchen die Kürbispflanze vorwiegend in den frühen Morgenstunden und im Laufe des Vormittages bei entsprechender Witterung. Die Blüten öffnen sich nur ein einziges Mal bei Sonnenaufgang und schließen sich wieder im Laufe des Vormittags (bei Hitze um 10 Uhr, bei kühleren Temperaturen um ca. 12 Uhr). Durch die Vielzahl an Blüten, welche die Pflanze nacheinander ausbildet, stehen den Bienen und Hummeln jeden Tag neue Blüten zur Nektarsuche zur Verfügung.

Der Kürbisplutzer am Feld

Die Farbe der jungen Frucht im Sommer ist sattgrün und zeigt schon die typischen Streifen und Sprenkel des Ölkürbisses. Die Farbe erntereifer Früchte variiert von einfarbig hellgelb oder leicht orange bis gelb-dunkelgrün gestreift bzw. gesprenkelt. Beim reifen Ölkürbis lassen sich die dickbauchigen dunkelgrünen Samen leicht aus der faserigen Samenhöhle herauslösen.

Die Kürbisreife ist gekennzeichnet durch:

- Absterben der Blätter und Triebe, Fruchtstiel trocknet ab
- Fruchtfarbe wechselt von grün auf gelb-grün gestreift/gesprenkelt oder gelb/orange
- Reife Kerne sind dunkelgrün, dickbauchig, lösen sich leicht vom Fruchtfleisch

Die reifen „Plutzer“ prägen zur Erntezeit das Landschaftsbild der Kernölregion.

Bienen besuchen gerne die strahlend gelben Kürbisblüten.

Der Kürbiskern – Ernte und Verarbeitung

Vom „Auspatzeln“ zu maschineller Ernte

Früher wurden die Kürbisse am Feld gesammelt und in mühevoller Handarbeit „ausgepatzelt“. Heutzutage sieht man dieses Spektakel nur mehr vereinzelt, da spezielle Erntemaschinen seit den 1970er Jahren die Kürbisernte maßgeblich erleichtern und beschleunigen.

Bei der maschinellen Kürbisernte werden die reifen Plutzer zuerst mittels eines Kürbispfluges in Reihen geschoben, um dann mithilfe einer Stachelwalze in das Innere einer Erntemaschine befördert zu werden. Dort werden sie in kleine Stücke zerrissen und die Kerne vom Fruchtfleisch getrennt in einem Behälter gesammelt. Die geernteten Kerne werden auf Traktoranhängern zur Waschanlage gebracht und dort gereinigt. Danach kommen die Kerne auf eine Trocknungsanlage, bis sie einen Restfeuchtigkeitsgehalt von 6–8 % aufweisen. Bis zur eigentlichen Pressung können die Kürbiskerne somit über mehrere Jahre gelagert werden. Dies hat den enormen Vorteil, dass Kürbiskernöl in kleinen Mengen immer frisch produziert werden kann.

Bei der Kürbisernte bleibt das Fruchtfleisch zur Düngung am Feld zurück.

Vom Kern zum Öl

Das spezielle Herstellungsprozedere zeigt eine lange Tradition und hat sich im letzten Jahrhundert auch nicht verändert, die angewandte Technologie dazu wurde jedoch maßgeblich verbessert. Wurde im 19. Jahrhundert das Kürbiskernöl noch in Schwerstarbeit mittels einer „Ölkuh“ abgepresst, so kommen heutzutage stattdessen meist modernste Stempelpressen zum Einsatz. Kürbiskernöl ist ein unraffiniertes und somit qualitativ hochwertiges Pflanzenöl.

Das Steirische Kürbiskernöl zählt aufgrund seines Herstellungsverfahrens genau genommen zu den kalt gepressten Ölen, wobei die Ölsaat vor der Pressung einer Wärmebehandlung unterzogen werden darf. Genau dieser Röstvorgang ergibt die für das Kürbiskernöl so typischen Geruchsnoten nach frischer Brotrinde und die einzigartige Farbkomposition aus strahlend-samtigem Grün mit tiefrotem Schimmer bei durchscheinendem Licht. Je nach Lichteinfall erscheint das Kürbiskernöl auch manchmal schwarz, worin die für lange Zeit verwendete Bezeichnung „Schwarzes Gold der Steiermark“ begründet liegt.

Je nach Lichteinfall erscheint das Kürbiskernöl grün, rötlich oder sogar schwarz.

Charakteristische Aromen und Eigenschaften des Kernöls:

- fein-nussiger Geruch mit angenehmen Röstaromen, dezenten Schokoladen-Nuancen
- Duft nach frisch gebackenem Brot
- Zweifarbigkeit (strahlendes Grün mit tiefrotem Schimmer)
- leichte Textur mit angenehmem Mundgefühl am Gaumen
- Frische und der eindeutige Geschmack nach Kürbiskernen

Röstung der Kerne

In der Ölmühle werden die getrockneten Kerne vor der Pressung zuerst gemahlen und mit Wasser und Salz vermengt. Anschließend wird die Masse auf eine vorgewärmte Röstpfanne befördert und auf ca. 120 °C erhitzt. Mit Fingerspitzengefühl und Erfahrung bestimmt der Ölpresser den richtigen Zeitpunkt, zu dem das Röstgut zur Pressung weiterbefördert wird. Diese Phase ist entscheidend für den typischen Geschmack des Kürbiskernöls, denn hierbei kommt es nicht nur zum Ölaustritt aus den Zellen, es entsteht auch die kulinarisch wichtige Röstnote.

Pressung des Röstguts

Die Pressung selbst findet hauptsächlich durch hydraulisch betriebene Stempelpressen statt. Das frische Kürbiskernöl wird dabei meist in Auffangbehältern der Ölmühle gesammelt oder auch über ein Rohrsystem direkt in große Lagerbehälter überführt. Übrig bleibt der sogenannte „Kürbiskernöl-Presskuchen", in dem das Salz gebunden zurückbleibt.

Dieses noch leicht ölhaltige Nebenprodukt hat noch etwa 5–12 % Fettgehalt und wird einerseits als Tierfutter weiterverwertet, andererseits kann es aber auch als Lebensmittel eingesetzt werden – zum Beispiel als Zutat für Müsliriegel oder Brot.

Die Röstung ist das Herzstück in der Kürbiskernölerzeugung.

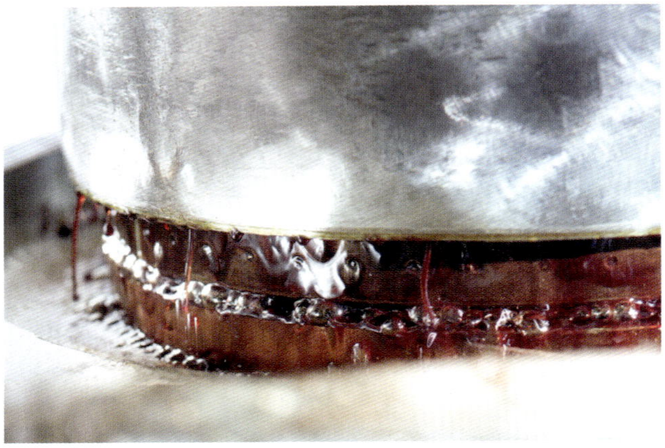

Tiefrot erscheint das Kürbiskernöl beim Austritt aus der Stempelpresse.

Bevor das Öl in die verkaufsfertigen Flaschen abgefüllt werden kann, bedarf es noch einer längeren Absetzphase. Innerhalb von 1–2 Wochen setzen sich enthaltene Schwebe- und Festbestandteile am Behälterboden ab, was auch als „Drosel-Bildung" bezeichnet wird. Diese natürliche Sedimentation erspart eine aufwendige Filtration des Öls und verlängert dessen Haltbarkeit maßgeblich. Erst dann wird das Kürbiskernöl in Flaschen abgefüllt und gelangt so, genussfertig und als reines Naturprodukt, in die Verkaufsregale.

Steirisches Kürbiskernöl g.g.A. – eine Marke mit Herkunftsschutz.

Die Marke: Steirisches Kürbiskernöl g.g.A.

Der Zusatz „g.g.A." bedeutet „geschützte geografische Angabe" und bezeichnet den Herkunftsschutz, welcher von der Europäischen Union für bestimmte schützenswerte Traditionsprodukte vergeben wird. Bereits 1996 wurde das Produkt „Steirisches Kürbiskernöl" von der EU-Kommission mit dem Qualitätssiegel für geschützte geografische Angaben ausgezeichnet. Primärer Grund dafür war das Bestreben, das steirische Traditionsprodukt schon beim Kauf anhand der Kennzeichnung von jenen Kürbiskernölen unterscheiden zu können, die teilweise mit anderen Ölen vermischt oder aus importierten Kürbiskernen gepresst wurden.

Gemäß der derzeit gültigen Verordnung (EG) Nr. 1151/2012 über Qualitätsregelungen für Agrarerzeugnisse und Lebensmittel darf die mit Verordnung (EG) Nr. 1263/96 eingetragene Bezeichnung „Steirisches Kürbiskernöl" nur verwendet werden, wenn die zugrunde liegende Produktspezifikation eingehalten und **folgende fünf Kriterien** erfüllt werden:

1. Die zur Pressung herangezogenen Kerne stammen von der Kürbisgattung *Cucurbita pepo var. styriaca*.
2. Die Pressung der Kerne findet ausschließlich in Ölmühlen statt, die sich in den laut Spezifikation definierten steirischen und burgenländischen Gebieten befinden.
3. Die Pressung findet nach traditionellem Herstellungsverfahren statt: Die gewaschenen und getrockneten Kerne werden gemahlen, durch langsames Erhitzen schonend aufgeschlossen und gepresst (keine Raffination).
4. Es handelt sich um 100 % reines Kürbiskernöl aus Erstpressung.
5. Der Anbau der Kürbisse wird in den laut Spezifikation definierten Anbaugebieten durchgeführt (Gebiete in der Steiermark, im Südburgenland und in Niederösterreich).

Somit muss jeder Unternehmer oder Landwirt, der „Steirisches Kürbiskernöl" erzeugt bzw. vermarktet, in einem nationalen Kontrollsystem gemeldet sein und zuvor genannte Kriterien erfüllen. Ist dies nicht der Fall, darf auf der Flasche und bei Werbemaßnahmen keinerlei Bezug auf die Steiermark hergestellt werden, da die Herkunft nicht kontrolliert werden kann.

Sicherheit durch Herkunftsschutz

Durch das blau-gelbe EU-Herkunftsschutzzeichen für „geschützte geografische Angabe" ist kontrolliertes Steirisches Kürbiskernöl schon beim Kauf erkennbar. Mitgliedsbetriebe der Gemeinschaft Steirisches Kürbiskernöl g.g.A. zeigen zusätzliche Transparenz durch die Verwendung einer weiß-grünen Banderole. Darauf ist die für jedes Kernölgebinde einmalig vergebene Kontrollnummer angebracht, ebenso sind darin das blau-gelbe EU-Herkunftsschutzzeichen und der steirische Panther integriert. Dadurch ist die Herkunft des Kürbiskernöls der Gemeinschaftsmitglieder vollständig nachvollziehbar und kann rückverfolgt werden.

Kontrolliertes Kürbiskernöl ist u. a. an der Banderole erkennbar.

Wertvolles Pflanzenöl

Kürbiskernöl enthält eine Vielzahl an wertvollen Inhaltsstoffen, wie im ersten Teil der Einleitung ausführlich beschrieben wird (siehe S. 31). Dennoch sollen an dieser Stelle die Vorzüge des einzigartigen Pflanzenöls noch einmal hervorgehoben werden.

Gesättigte und ungesättigte Fettsäuren

Hauptsäure der gesättigten Fettsäuren im Kürbiskernöl stellt mit bis zu 15 % Anteil am Gesamtfett die Palimitinsäure dar. Die Ölsäure zählt zu den einfach ungesättigten Fettsäuren und schlägt mit ca. 25 % zu Buche. Linolsäure ist die wichtigste mehrfach ungesättigte Fettsäure im Kürbiskernöl und macht mit einem Vorkommen von 45–50 % den größten Anteil aus.
Linolsäure ist im Vergleich zu anderen mehrfach ungesättigten Fettsäuren stabiler gegenüber Fettverderb und Hitze. Dies erklärt auch, warum Kürbiskernöl bei höheren Temperaturen in der Küche relativ gut verarbeitet werden kann und auch den Röstprozess bei der Herstellung übersteht.

Weitere Inhaltsstoffe

Fettbegleitstoffe sind – wie der Name schon sagt – Substanzen, die fettlöslich sind und daher in der Fettphase von Lebensmitteln bzw. in Fetten und Ölen gelöst vorliegen. Beim Kürbiskernöl handelt es sich hierbei in erster Linie um das Vitamin E, sekundäre Pflanzenstoffe wie Chlorophyll, Carotinoide, Flavonoide oder Phytosterole und die für das Öl so charakteristischen Röstaromen.
Im Vergleich mit anderen Pflanzenölen kann das Kürbiskernöl durchaus mit seinem Vitamin E-Gehalt punkten. Je nach Wachstumsbedingungen, Sortenwahl und Reifegrad der Kerne können in 100 g Kürbiskernöl zwischen 20 und 80 mg Vitamin E enthalten sein, da es sich durch die Pressung im Öl anreichert. Vitamin E als Radikalfänger wirkt dem Fettverderb entgegen und schützt zuerst den Samen und in Folge das Kürbiskernöl eine Zeit lang vor dem Ranzigwerden..
Kürbiskerne enthalten neben Fett auch Eiweiß und Kohlenhydrate. Durch die Erhitzung beim Röstvorgang in der Ölmühle bilden sich aus diesen beiden Inhaltsstoffen sogenannte „Maillard-Produkte“. Diese sind fettlöslich, ge-

Nicht nur Gemüsegerichte erhalten mit dem g'schmackigen Samenöl einen besonderen Kick.

hen beim Pressvorgang ebenso ins Kernöl über und verleihen ihm unter anderem das charakteristische Aroma nach frischer Brotrinde.
Für die typische grüne Farbgebung mit rötlichem Schimmer sind vor allem Carotinoide und Chlorophyll verantwortlich, die den Röstprozess weitgehend überstehen. Zusätzlich wird durch die Hitzeeinwirkung der rötliche Schimmer intensiviert.

> Im Kürbiskern bzw. im Kürbiskernöl bewirken UV-Strahlen eine Strukturänderung v. a. bei Chlorophyll und Carotinoiden, was mit einem Verlust der typischen Farbgebung einhergeht. Dies erklärt nicht nur das Ausbleichen eines Kernölflecks im Sonnenlicht, sondern auch das Braunwerden von Kernöl auf Salat oder anderen Speisen, wenn es in der Sonne steht oder lange Zeit mit Luftsauerstoff in Kontakt kommt.

Kürbiskernöl als Heilmittel?

Auch dieser Punkt wurde auf S. 31 bereits beschrieben. Tatsache ist, dass die angeblich zahlreichen Wirkungen des Kürbiskernöles in der Heilkunde bis dato wissenschaftlich noch nicht belegt bzw. recht umstritten sind. Dennoch hält sich so mancher hartnäckige Volksglaube bis heute, wie jener an die potenzsteigernde Wirkung von Kürbiskernöl.
Die Hauptschwierigkeit liegt in erster Linie darin, dass wir über die tägliche Ernährung nicht die erforderlichen Mengen an Kürbiskernöl aufnehmen können, um von etwaigen Heilwirkungen zu profitieren. Kürbispräparate, welche unter anderem zur präventiven Behandlung von Blasenschwäche oder Prostataleiden Einsatz finden, werden aus speziell dafür gezüchteten Arzneikürbissen und deren Samen erzeugt.
Kürbiskernöl ist ein Fettlebensmittel, und als solches sollte es auch behandelt und in die tägliche Nahrung integriert werden, gemeinsam mit anderen hochwertigen Pflanzenölen. Im Rahmen einer ausgewogenen Ernährung und ausreichender körperlicher Aktivität können die charakteristischen Inhaltsstoffe des Kürbiskernöls durchaus zu einem gesunden Lebensstil beitragen.

Ölkürbis & Kürbiskernöl: Gaumenfreuden und kulinarische Vielfalt

Ob Kürbisfleisch, Blüte, Samen oder Öl – der Steirische Ölkürbis und das Kürbiskernöl lassen sich auf vielfältige Art und Weise in der Küche nutzen und bringen das ganze Jahr Abwechslung in den Speiseplan.

Junges Ölkürbisfleisch

Zur Kürbisernte gibt es vereinzelte Exemplare, welche von der Kürbispflanze erst sehr spät ausgebildet wurden und daher noch keine Erntereife erreichen konnten. Diese jungen grünen Ölkürbisse sind für die Kürbiskerngewinnung zwar wertlos, können aber als kalorienarmes Gemüse zu verschiedenen Gerichten verkocht werden. Das Fleisch dieser sogenannten „Kochkürbisse" ist fest, saftig und hat ein mildes, dezent nussiges, unaufdringliches Aroma. Das Kürbisfleisch kann wie Zucchini mit der Schale verarbeitet und, sofern es nicht bitter schmeckt, auch roh genossen werden. Selbst die unreifen Kerne können, solange sie noch weich sind, roh geknabbert oder mitgekocht und püriert werden. Das Fruchtfleisch des reifen Ölkürbisses ist extrem hart und lässt sich nur sehr schwer und mit hohem Arbeitsaufwand in der Küche verarbeiten – daher hat er keine kulinarische Relevanz.

Das wertvolle Kürbiskernöl ist als traditionelles Genussmittel kulinarisch einzigartig.

Kürbisblüten

Die glockenförmigen großen gelben Kürbisblüten zeigen im Bereich des Blütenbodens ein leicht süßliches Aroma und sind auch optisch ein Highlight auf dem Teller. Als farbenfrohe Zutat können sie roh genossen werden, eignen sich aber auch hervorragend zum Füllen und Dünsten oder, in Backteig getaucht, zum Ausbacken in heißem Fett. Da sich die Blüten schon am Vormittag zu schließen beginnen, müssen sie in den Morgenstunden geerntet und bis zur Verwendung im Kühlschrank aufbewahrt werden.

Öl und Kerne als beliebte Zutat

Das Steirische Kürbiskernöl punktet mit seinem Aroma nach frischer Brotrinde und der einzigartigen Farbgebung. Es kann als Genusslebensmittel in verschiedensten Gerichten Einsatz finden und unser Essen sensorisch

enorm aufwerten. Prinzipiell hinterlässt das samtig grüne Kürbiskernöl durch das optische und aromatische Verfeinern kalter oder warmer Speisen einen bleibenden Eindruck. Es ist vielseitig einsetzbar und kann bis 120 °C bedenkenlos erhitzt werden. Wird Kernöl für Teige verwendet, ist die Temperatur an der Oberfläche des Gebäcks zwar höher, aber im Inneren des Backgutes werden ca. 100 °C nicht überschritten, weshalb der Geschmack des Kernöls sich nicht verflüchtigt oder ins Bittere umschlägt und die grüne Farbe erhalten bleibt. Auf keinen Fall ist es aber zum Braten oder Frittieren geeignet.
Ergänzend zum Kürbiskernöl bietet sich auch der Einsatz von Kürbiskernen in der Küche an – diese verstärken und unterstützen den Geschmack des Öles und finden im Ganzen, gehackt oder geschrotet als Backzutat Verwendung. Sie eignen sich natürlich auch hervorragend als Knabberalternative, pur genossen oder in Kombination mit anderen Nüssen ober Obst.

> Bezugsquellen für Ölkürbis, Kürbiskerne und Kürbiskernöl sind die Kürbiskernölbetriebe Ihres Vertrauens oder diverse Bauernmärkte in den Kürbiskernöl-Regionen. Kontaktdaten finden Sie unter anderem auf www.steirisches-kuerbiskernoel.eu

Literatur

Fruhwirth, G.O. & Hermetter, A. (2007): Seeds and oil oft the Styrian oil pumpkin: Components and biological activities. Review; In: Eur. J. Lipid Sci. Technolg., Vol. 109, p. 1128–1140.

Landwirtschaftskammer Steiermark (2019): Leitfadenreihe zur Herstellung von Steirischem Kürbiskernöl g.g.A. – Teile A, B und C; Hrsg. Projekt Höherqualifizierung Steirisches Kürbiskernöl

Reiter, E. & Reiter, R. (1994): Kürbis. Von den Früchten, den Kernen und ihrem Öl. Wien: Edition Epikur im Verlag Brandstätter, 1. Auflage; p. 10 39, 63 72

Teppner, H. (2000): *Cucurbita pepo* (*Cucurbitaceae*) – History, Seed Coat Types, Thin Coated Seeds and their Genetics. In: Phyton Vol 40, Fasc. 1, p. 1 42

Wagner, Ch. (1997): Steirisches Kürbiskernöl. Wien: Pichler Verlag GmbH; p. 19 21

Die junge Ölkürbisfrucht eignet sich hervorragend als leichtes Sommergemüse.

Je nach vorhandenem Platz können mit Kürbissen Garten, Hof oder auch nur Hauseingänge effektvoll herausgeputzt werden!

Allgemeine Informationen

Mehl

Mehltypen: Die Typenbezeichnungen bei Mehl sind in Deutschland anders als in Österreich. Wenn nicht anders erwähnt, ist bei den Rezepten immer Weizenmehl der Type W480 gemeint, das in Deutschland der Type 405 entspricht.

Ö	D	Eigenschaften
Weizenmehl		
Type W480	Type 405	bevorzugtes Haushaltsmehl, gute Backeigenschaften
Type W700	Type 550	Mehl mit höchster Klebereigenschaft, für feinporige Teige, als Vielzweckmehl verwendbar
Type W1600	Type 1050	etwas dunkleres Weizenmehl für Mischbrote oder andere Backwaren
Dinkelmehl		
Type 700	Type 630	kann problemlos anstatt Weizenmehl verwendet werden (entspricht Type W480 bzw. 405)
Vollkornmehl		
-	-	hat keine Typenbezeichnungen

Falls gewünscht, kann Weizenmehl (oder zumindest ein Teil davon) auch durch Vollkornmehl ersetzt werden. Vorsicht bei Gebäck: Meist benötigen Vollkornmehl und auch Dinkelmehl etwas mehr Flüssigkeit als Weizenmehl (etwa 5 % mehr). Bei Glutenunverträglichkeit kann Weizenmehl durch glutenfreie Mehlmischungen ersetzt werden (z. B. 55 g Buchweizenmehl, 55 g Reismehl und 40 g Kartoffelstärke statt 150 g Weizenmehl).

Glatt/griffig/doppelgriffig/Universal: In Österreich haben Mehle (auch gleicher Type) unterschiedliche Ausmahlungsgrade. **Glattes Mehl** hat weniger grobe Mehlpartikel, es ist feiner und wird hauptsächlich zum Backen und für feine Teige verwendet. **Griffiges und doppelgriffiges Mehl** enthält mehr grobe Mehlpartikel (das ist beim Angreifen spürbar), es klumpt nicht so leicht und wird gerne für die Zubereitung von Knödeln oder Spätzle verwendet.

Das **Universalmehl** ist eine in Österreich übliche Mischung aus glattem und griffigem Mehl im Verhältnis 1:1. Da in Deutschland (außer in Bayern) kein glattes, griffiges oder doppelgriffiges Mehl angeboten wird, verwendet man – wenn griffiges oder doppelgriffiges Mehl angegeben ist – am besten Spätzlemehl oder Instantmehl, das ist ein doppelgriffiges Weizenmehl, das durch ein spezielles Mahlverfahren besonders locker und rieselfähig ist.

Zucker

Wenn bei den Zutaten Zucker erwähnt ist, ist immer Kristallzucker (bevorzugt Feinkristallzucker) gemeint. Man kann diesen problemlos durch Braunzucker, Kokosblütenzucker oder Birkenzucker ersetzen. Stevia oder andere Zuckerersatzmittel, die aufgrund ihrer hohen Süßkraft nur in geringen Mengen beigefügt werden, sind für Kuchen und Torten nicht zu empfehlen, weil Zucker die Struktur und die Stabilität verbessert, also die Konsistenz der Masse oder des Teiges beeinflusst.

Backtemperatur und Backzeit

Wenn nicht anders erwähnt, ist immer Ober-/Unterhitze gemeint. Sie sollten jedoch beachten, dass jeder Backofen anders bäckt, deshalb sind Temperatur- und Zeitangaben lediglich Richtwerte. Beobachten Sie daher Kuchen, Brot und anderes Gebäck oder Aufläufe usw., ob es nicht zu schnell oder zu wenig bräunt; bei Bedarf die Backzeit verkürzen bzw. verlängern. Bei Kuchen, Tortenböden, Brot und Gebäck sollten Sie mit einem Holzspieß überprüfen, ob das Backgut bereits ausreichend gebacken ist – bleibt noch Teig am Holzspieß haften, verlängern Sie die Backzeit um weitere 5–10 Minuten (eventuell mit Backpapier abdecken, damit die Oberfläche nicht zu dunkel wird).

Backformen befetten

Auflaufformen, Backbleche, Springformen oder andere Backformen können entweder mit flüssiger Butter ausgepinselt oder mit Backtrennspray eingesprüht werden. Zum Auslegen von Backblechen kann man statt Backpapier auch Silikon-Backmatten verwenden.

Abkürzungen

EL	Esslöffel
TL	Teelöffel
Msp.	Messerspitze
P.	Packung
Stk.	Stück

Mengen

1 Prise	so viel wie zwischen Daumen und Zeigefinger Platz hat
1 Schuss	ca. 2 cl
1 Ei (Größe M)	50–55 g
1 Eidotter	15–20 g
1 Eiklar	25–30 g

„Übersetzung" österreichisch – deutsch

Aranzini	Orangeat
Biskotte	Löffelbiskuit
Brösel	Krümel
Dampfl	Vorteig aus Hefe
Eidotter	Eigelb
Eiklar	Eiweiß
Germ	Hefe
Geselchtes	geräuchertes Fleisch
Glattes Mehl	feinkörnig gemahlenes Mehl
Griffiges Mehl	etwas gröber gemahlenes Mehl
Faschiertes	Hackfleisch
Kokosette	Kokosraspel
Kraut	Kohl
Marillen	Aprikosen
Marmelade*	Konfitüre
Obers	Sahne
Omelett	Eierkuchen
Palatschinke	Pfannkuchen
Polenta	Maisgrieß
Powidl	Pflaumenmus
Rahm	Sahne
Ribiseln	Johannisbeeren
Ringlotten	Pflaumenart
Sauerrahm	Saure Sahne
Semmelbrösel	Paniermehl
Staubzucker	Puderzucker
Topfen	Quark
Weichseln	Sauerkirschen
Weißes Scherzel	Teilstück vom Rind, aus dem Knöpfel (Schlögel oder Keule), in D auch „Rolle" genannt
Zwetschken	Pflaumen

* In Österreich wird Konfitüre als Marmelade bezeichnet, auch wenn im Handel nur Fruchtaufstriche, die aus Zitrusfrüchten gemacht werden, so genannt werden dürfen.

Rezept- & Fotonachweis

Rezepte

Fam. Drexler: S. 134
Daniela Ehrlinger: S. 87, 101, 116, 119
Genussland Oberösterreich: S. 115
Stefan Hirschböck: S. 128
Theresia Fastian: S. 62, 70, 92, 102, 152, 154
Christoph Golenz: S. 78
Silvia Kletzmayr: S. 113
Ulla Liebert: S. 117
Berta Maier: 133
Julia Mondre: S. 80, 81, 88, 89, 97
Christian Ofner: S. 164, 166
Johann Pabst: S. 54, 64, 126, 136
Seminarbäuerinnen NÖ: S. 141, 143, 145, 147, 149
Seminarbäuerinnen OÖ: S. 65
Seminarbäuerinnen Stmk.: S. 95
Karin Sidak: 112, 168, 169
Sarah Thor-Diem: S. 57, 98
Christian Übleis: S. 120
Sabine Vopava: S. 111
Ute Wiltschi: S. 114
Maria Wurzer: S. 55, 73
Alle übrigen Rezepte: Kochen & Küche

Fotos

Clemens G. Arvay: S. 12–14, 16, 17, 20 (Mi.), 21–23, 25 (Mi.), 28 (u.), 29 (u.), 32–35
Daniela Ehrlinger: S. 116
Kurt Elmleitner: S. 159, 164, 166
Theresia Fastian: S. 49
Günter Hauer: S. 66, 68, 82, 94, 96, 106, 124, 138, 142, 144, 146, 148, 150, 161, 167, 170
Mani Hausler: S. 30, 56, 100, 123, 139, 140, 162, 171
Wolfgang Hummer: 129
Andrea Jungwirth: S. 53, 55, 63, 65, 71, 73, 75, 80, 81, 87–89, 95, 97, 101, 111, 113–115, 117, 119, 132, 133, 141, 143, 145, 147, 149, 153, 155, 158, 159, 163, 165
Stefan Kristoferitsch: 5, 38–48, 53, 62, 70, 92, 102, 123, 136, 152, 154
Werner Krug: S. 54, 64, 118, 120, 126, 134
Mona Lorenz: S. 10, 53, 58, 59, 61, 67, 69, 71, 72, 74, 76, 77, 79, 83–86, 90, 91, 93, 103–105, 107, 109, 121, 123, 125, 127, 130, 131, 135, 137, 151, 156, 157
Andriy Sheldunov: S. 60, 108, 110, 122
Karin Sidak: 26, 36, 112, 168, 169
Alexander Stiegler: S. 78
Sarah Thor-Diem: S. 57, 99
Reinhold Zötsch: S. 8, 15, 19, 20 (u.), 24, 25, 27, 28, 29, 50, 172
Irmtraud Weishaupt-Orthofer: S. 18, 21 (li. u.), 128

Kapitel 1

Suppen & Vorspeisen

Aus so gut wie allen Speisekürbissorten kann man Suppen oder Eintöpfe zubereiten. Besonders gut geeignet sind z. B. Blue Banana, Gelber und Roter Zentner, Eichel- und Festivalkürbis, Muskat- und Trompetenkürbis und natürlich die beliebten und bekannten Allrounder Butternuss und Hokkaido! Patissons (vor allem ganz junge), Zucchini, Ölkürbis, Gelber und Roter Zentner lassen sich bestens marinieren und ergeben durch ihre leicht wässrige Konsistenz erfrischende Salate.

Klare Rindsuppe

mit zweierlei Einlagen

Zutaten für 4 Portionen

KERNÖLFRITTATEN
350 ml Milch
105 g Mehl
10 g Öl • 3 Eier • Salz
1 Prise Muskatnuss, gerieben
1 EL Steir. Kürbiskernöl g.g.A.
1 EL Kürbiskerne, fein geschrotet
Öl zum Ausbacken

KERNÖLSCHÖBERLN
ca. 200 g Kürbis (z. B. Butternuss oder Blue Banana)
3 EL Kürbiskerne, fein geschrotet
2 EL Rapsöl
Salz und Pfeffer
5 Eier
120 g Mehl
2 EL Steir. Kürbiskernöl g.g.A.
2 EL Parmesan
1 Prise Muskatnuss, gerieben
1 l Rindsuppe

Zubereitung (35 Min. ohne Garzeit)

- Für die Frittaten Milch mit Mehl, Öl und die Eier glatt rühren.
- Salz, Muskatnuss, das Kürbiskernöl und die Kürbiskerne beigeben.
- In einer Pfanne jeweils einige Tropfen Öl erhitzen, dünne Palatschinken ausbacken, bis der Teig aufgebraucht ist.
- Für die Schöberln den Kürbis schälen, Kerne entfernen, es sollen ca. 150 g Kürbisfleisch übrig bleiben, dieses in ganz feine Würfel schneiden (oder raspeln) und mit den geschroteten Kürbiskernen im erhitzten Rapsöl langsam braten, salzen und pfeffern, dann auskühlen lassen.
- Eier trennen, Eiklar zu steifem Schnee schlagen, danach Mehl, Eidotter, Kernöl und die angebratene Kürbismischung unterheben, mit Salz, Pfeffer und Muskatnuss würzen.
- Das Backblech mit Backpapier auslegen, die Masse darauf ca. ½ cm dick aufstreichen, mit Parmesan bestreuen und im auf 180 °C vorgeheizten Backofen 12 Minuten backen, herausnehmen, auskühlen lassen und in schöne Rauten schneiden.
- Die Rindsuppe erhitzen, in Schalen oder Tellern anrichten und die beiden Einlagen dazu reichen.

Kürbis-Mostschaumsuppe

Zutaten für ca. 6 Portionen

250 g Eichelkürbis
500 g Muskatkürbis oder Hokkaido
50 g Butter
100 g Zwiebeln
2 Pimentkörner
1 Knoblauchzehe
800 ml klare Gemüsesuppe
*125 ml Birnenmost**
1 Lorbeerblatt
Salz und Pfeffer aus der Mühle

6–8 Toastbrotscheiben
30 g Butter

125 ml Obers (Sahne)
1 EL Petersilie, fein geschnitten
etwas Kürbiskernöl

*** Most ist vergorener Apfel- oder Birnensaft.**

Zubereitung (30 Min. ohne Garzeit)

- Eichel- und Muskatkürbis schälen, entkernen und in grobe Stücke schneiden.
- Butter in einem Topf zerlassen und die fein geschnittenen Zwiebeln darin glasig dünsten, den zerstoßenen Piment, den fein gehackten Knoblauch und die Kürbisstücke dazugeben, alles kurz mitdünsten, dann mit Gemüsesuppe und Most ablöschen, Lorbeerblatt dazugeben und etwa 20 Minuten leicht köcheln lassen, bis der Kürbis weich ist.
- Lorbeerblatt herausnehmen und die Suppe fein pürieren, mit Salz und Pfeffer aus der Mühle abschmecken.
- Die Toastbrotscheiben diagonal durchschneiden, in Butter bräunen und separat zur Suppe servieren.
- Die Suppe in Schalen oder Tellern anrichten, mit jeweils 1 EL leicht geschlagenem Obers, mit Petersilie und Kürbiskernöl garnieren.

Kürbiscremesuppe

Zutaten für 4 Portionen

2 kleine Hokkaido-Kürbisse
400 g Kürbisfleisch (insgesamt)
50 g Jungzwiebeln
40 g Butter
500 m l Rindsuppe
250 ml Obers (Sahne)
2 EL Crème fraîche
Salz und Pfeffer

Kürbiskernöl zum Beträufeln

Zubereitung (25 Min. ohne Garzeit)

- Die Hokkaido-Kürbisse halbieren, die Kerne mit einem Löffel herausschaben und dann das Kürbisfleisch bis auf ca. 1 cm zur Schale herausschneiden/schaben (in den ausgehöhlten Kürbishälften wird dann die Suppe angerichtet).
- Das herausgeschabte Kürbisfleisch und falls nötig weiteres Kürbisfleisch (insgesamt werden 400 g gebraucht) in kleine Würfel schneiden, Jungzwiebeln fein schneiden.
- Butter in einem geeigneten Topf schmelzen, Zwiebeln in der Butter anschwitzen.
- Kürbiswürfel beigeben, kurz unter Rühren mitrösten, mit Suppe aufgießen und kochen, bis der Kürbis weich ist, dann mit dem Stabmixer fein pürieren.
- Obers und Crème fraîche zugeben, mit Salz und Pfeffer würzen und nochmals kurz aufmixen, danach abschmecken.
- Suppe in den ausgehöhlten Kürbishälften anrichten und nach Belieben mit etwas Kürbiskernöl beträufeln.

Butternusskürbis
mit Honigglasur und Knuspertopping

Zutaten für 2–3 Portionen
1 Butternusskürbis (ca. 650 g)
3 EL Olivenöl
Salz

HONIGGLASUR
2 Knoblauchzehen
80 g Butter
60 ml Apfelessig
90 g Akazienblütenhonig
2 Salbeiblätter

KNUSPERTOPPING
50 g Haselnüsse
3 dünne Scheiben Räucherspeck

2 Zweige Thymian und einige Salbeiblätter zum Garnieren
Pfeffer aus der Mühle

*** Am besten rechts und links von den Kürbishälften der Länge nach je ein Schneidbrett legen, dann kann man den Kürbis nicht versehentlich durchschneiden.**

Zubereitung (35 Min. ohne Garzeit)

- Den Kürbis mit einem Gemüseschäler gründlich schälen (den Stiel allerdings nicht entfernen!), den geschälten Kürbis der Länge nach halbieren und die Kürbiskerne mit einem Löffel herauskratzen.
- Die Kürbishälften mit dem Öl einreiben und salzen, mit der Schnittfläche nach unten auf ein Backblech legen und im auf 195 °C vorgeheizten Backofen ca. 15-18 Minuten garen.
- Für die Honigglasur Knoblauch schälen und mit einem Messer leicht andrücken, ca. 5 Minuten bei geringer Hitze in der zerlassenen Butter andünsten. Den Knoblauch entfernen (kann für andere Gerichte verwendet werden), den Herd höher schalten, die Knoblauchbutter mit dem Essig ablöschen und den Honig unterrühren, diesen Sirup etwa auf die Hälfte einreduzieren.
- Den Kürbis aus dem Ofen nehmen und kurz abkühlen lassen, dann die Kürbishälften vorsichtig fächerförmig einschneiden*.
- Die Hälften vorsichtig wieder auf das Backblech legen und mit der Honigglasur einpinseln, die Kürbishälften weitere 30 Minuten im Ofen garen, nach 15 Minuten noch einmal mit dem Sirup einpinseln.
- Die gewaschenen und fein geschnittenen Salbeiblätter zum restlichen Honigsirup geben und die Kürbishälften noch einmal dem Sirup einpinseln, erneut ca. 7 Minuten in den Ofen geben.
- Für das Knuspertopping die Nüsse grob hacken, in einer Pfanne trocken rösten, den fein geschnittenen Speck dazugeben und so lange rösten, bis die Nüsse eine goldbraune Farbe angenommen haben.
- Die fertigen Kürbishälften mit Knuspertopping bestreuen und nach Belieben mit Thymian und Salbei garnieren, pfeffern und sofort servieren.

Gemüse-Tofu-Erdnuss-Eintopf

Zutaten für 4 Portionen

200 g Karotten
200 g Kürbisfleisch, geschält und entkernt (z. B. Bischofsmütze oder Muskatkürbis)
2 Stangen Stangensellerie
1 Zwiebel
2 Knoblauchzehen
4 EL Olivenöl
1 TL Currypulver
1 TL Kurkuma
2 cm Ingwer, geschält und klein geschnitten
Salz und Pfeffer
400 ml Kokosmilch
400 g Tofu
50 g geschälte Erdnüsse, grob gehackt
1 EL Koriandergrün, grob geschnitten

Zubereitung (45 Min. ohne Garzeit)

- Die Karotten schälen und in kleine Stücke schneiden, Kürbisfleisch in ca. 3 x 3 cm große Würfel schneiden, Stangensellerie waschen, putzen und klein schneiden.
- Zwiebel und Knoblauch schälen und fein schneiden, das Olivenöl in einer passenden Pfanne erwärmen, Zwiebel, Knoblauch und Gemüse dazugeben und kurz anbraten.
- Currypulver, Kurkuma, Ingwer, Salz und Pfeffer dazugeben und vermischen, mit der Kokosmilch aufgießen und zum Kochen bringen.
- Den Tofu in kleine Würfel schneiden, dazugeben und untermischen, zugedeckt 15 Minuten leise köcheln lassen, ab und zu umrühren, abschmecken und mit Erdnüssen und Koriandergrün bestreut servieren.

Bunter Patisson-Salat

mit Räucherlachs

Zutaten für 4 Portionen

600 g gelbe und grüne Mini-Patissons
2 EL Apfelessig
2 EL Joghurt (1 % Fett)
1 TL Estragonsenf
Salz und Pfeffer
1 Prise Kristallzucker
400 g Räucherlachs
2 EL Walnusskerne, grob gehackt

Zubereitung (15 Min. ohne Wartezeit)

- Die Patissons waschen, trocknen und nach Belieben in kleine Stücke schneiden.
- In einer geeigneten Schüssel Essig, Joghurt und Senf glatt rühren, würzen und abschmecken, Patissonstücke untermischen und 1 Stunde ziehen lassen.
- Mit dem in dünne Scheiben geschnittenen Räucherlachs Schalen, Tassen oder Gläser auslegen.
- Dann die marinierten Patissons darauf verteilen und mit Walnüssen bestreuen.

Tipp

Anstatt der Mini-Patissons kann man auch große Patissons (am besten gelbe) verwenden. Diese jedoch schälen und raspeln! Räucherlachs kann auch durch Putenschinken oder Käse ersetzt werden.

Kürbisschöberln

in klarer Rindsuppe

Zutaten für 4 Portionen

300 g Kürbis (Pink Jumbo Banana oder Hokkaido)
etwas Salz
40 g zimmerwarme Butter
2 Eier
30 g glattes Mehl
frisch gemahlener Pfeffer
etwas Muskatnuss, gemahlen

Butter und Mehl für die Form

1 l fertige Rindsuppe
Schnittlauch zum Bestreuen

Zubereitung (40 Min., Garzeit ca. 20 Min., Backzeit 20 Min.)

- Kürbis waschen, schälen (Hokkaido muss nicht geschält werden) und in ganz kleine Würfel schneiden, in Salzwasser blanchieren, mit kaltem Wasser abschrecken und gut abtropfen lassen.
- Butter sehr schaumig rühren, nach und nach Eidotter einmengen und wieder sehr schaumig rühren, Eiklar mit etwas Salz zu steifem Schnee schlagen, zusammen mit dem gesiebten Mehl und Kürbiswürfeln unter den Butterabtrieb ziehen, mit etwas Salz, Pfeffer und Muskatnuss würzen.
- Die Masse ca. 2 cm hoch auf die Hälfte eines gebutterten und bemehlten Blechs (oder in eine Auflaufform) füllen und im auf 200 °C vorgeheizten Backofen ca. 20 Minuten goldgelb backen, heiß vom Blech (oder aus der Form) stürzen und überkühlen lassen, in Würfel oder Rechtecke schneiden.
- Schöberln dann als Einlage in die kochend heiße Rindsuppe geben, vor dem Servieren die Suppe mit Schnittlauch bestreuen.

Pilze-Kürbis-Salat

Zutaten für 4 Portionen

400 g Mini-Patissons
4 Schalotten
2 Knoblauchzehen
1 kleiner Zweig Rosmarin
4 EL Olivenöl
Salz und Pfeffer
400 g gemischte Pilze (Steinpilze, Täublinge, Champignons, Eierschwammerln = Pfifferlinge)
2 EL Rapsöl
1 Bund Petersilie, fein geschnitten
5 EL Balsamicoessig
1 TL Estragonsenf
1 Handvoll Pflücksalat

Zubereitung (45 Min. ohne Kochzeit)

- Die Patissons waschen, abtrocknen und je nach Größe halbieren oder vierteln.
- Schalotten und Knoblauch schälen und fein schneiden, Rosmarin abrebeln und die Nadeln klein schneiden, die vorbereiteten Zutaten vermischen und auf einem mit Olivenöl befetteten Backblech flach verteilen, salzen und pfeffern und im vorgeheizten Backofen bei 160 °C Umluft auf mittlerer Schiene ca. 15–20 Minuten schmoren, dann aus dem Ofen nehmen und auskühlen lassen.
- In der Zwischenzeit Pilze putzen und in mundgerechte Stücke schneiden.
- Das Rapsöl in einer Pfanne erwärmen, Pilze dazugeben und bei starker Hitze rösten, bis die Flüssigkeit verdunstet ist.
- Petersilie zu den Pilzen geben, salzen und pfeffern, Pfanne vom Herd nehmen und auskühlen lassen.
- Balsamicoessig und Senf in einer Schüssel mit dem Schneebesen verrühren, Patissons mit den Aromaten und der Flüssigkeit vom Backblech dazugeben, Pilze hinzufügen und gut vermischen, zugedeckt 10 Minuten ziehen lassen.
- Dann den gewaschenen, abgetropften Pflücksalat auf Tellern verteilen, Pilzmasse durchmischen, abschmecken und auf dem Salat arrangieren.

Tipp

Statt Mini-Patissons kann man auch geschältes und würfelig geschnittenes Kürbisfleisch vom Roten oder Gelben Zentner verwenden.

Kürbisblüten

im Backteig

Zutaten für 4 Portionen

BACKTEIG
70 g Mehl
1 Ei
125 ml Weißwein
2 EL Steir. Kürbiskernöl g.g.A.
Salz
eventuell 2 TL Kürbiskerne, fein gerieben
reichlich Rapsöl zum Ausbacken

TOMATENSAUCE
½ Zwiebel
1 EL Rapsöl
2 Dosen geschälte Tomaten
1 Prise Pimentpfeffer
frische Kräuter (Thymian, Petersilie)
Salz

Zubereitung (30 Min. ohne Garzeit)

- Kürbisblüten vom grünen Ansatz lösen, kalt abbrausen und gut trocknen.
- Für den Backteig das Ei trennen, Eiklar steif schlagen.
- Aus Mehl, Eidotter, Wein, Kürbiskernöl, Salz und falls gewünscht fein geriebenen Kürbiskernen einen Backteig bereiten, den Eischnee unterheben.
- Blüten durch den Backteig ziehen und im heißen Rapsöl goldgelb backen.
- Für die Sauce Zwiebel fein hacken und in etwas Rapsöl leicht anschwitzen.
- Tomaten aus der Dose grob schneiden und dazugeben, erhitzen und mit Pimentpfeffer, fein gehackten frischen Gartenkräutern und Salz nach Belieben abschmecken.

Tipp

Die Blüten im Backteig mit Tomatensauce können als schnelle Vorspeise bzw. Sommersnack oder Fingerfood gereicht werden.
Sollen sie als Hauptspeise serviert werden, passen als Beilagen frischer Salat mit Steirischem Kürbiskernöl g.g.A. sowie Zucchinischeiben oder entkernte dünne Spalten vom noch grünen Ölkürbis, die mit Pfeffer und Salz gewürzt und in Olivenöl kurz angebraten werden.

Steirische Zucchinibällchen

Zutaten für 4 Portionen

ca. 500 g gelbe Zucchini
1 Zwiebel, fein gehackt
2 Knoblauchzehen, fein gehackt
100 g steirischer Bergkäse, klein gewürfelt oder gerieben
1 Ei mittlerer Größe
50 g geriebene Kürbiskerne
Salz und Pfeffer
Petersilie, fein gehackt
etwas Mehl und Semmelbrösel (Paniermehl) zum Binden der Masse

geriebene Kürbiskerne gemischt mit Semmelbröseln zum Wälzen
reichlich Öl zum Ausbacken

Zubereitung (ca. 30 Min. ohne Garzeit)

- Zucchini waschen, raspeln und gut ausdrücken, danach mit den übrigen Zutaten gut vermischen.
- So viel Mehl und Semmelbrösel untermengen, dass eine mittelfeste, gut bindende Masse entsteht, etwas ziehen lassen.
- Aus der Gemüsemasse kleine Bällchen formen und diese im Kürbiskern-Semmelbrösel-Gemisch panieren.
- Im auf ca. 140 °C erhitzten Öl hellbraun ausbacken, abtropfen lassen und mit grünem Salat servieren.

Tipp

Bevor man alle Bällchen paniert, ein Probebällchen panieren und ausbacken, um zu überprüfen, ob die Masse bindet und Konsistenz sowie Geschmack passen. Bei Bedarf noch Brösel bzw. Gewürze hinzufügen.

Steirische Frühlingsrolle

mit Rucola und Kernöldressing

Zutaten für 2 Portionen

2 Frühlingsrollenblätter (TK)
Ei zum Bestreichen

FÜLLE
60 g Zwiebeln • etwas Ingwer, frisch gerieben • 1 Knoblauchzehe • Zitronengras • 1 EL Olivenöl 100 g Schwarzwurzeln • 30 g Karotten • 100 g Forellen- oder Saiblingsfilet • 70 g Glasnudeln Salz und Pfeffer • 1 Tasse Kresse

PANIER
1 Ei • 80 g Kürbiskerne
40 g Semmelbrösel (Paniermehl)
Erdnussöl zum Frittieren

MARINADE
3 cl Balsamicoessig • 1 TL Senf
4 cl Steir. Kürbiskernöl g.g.A.
Salz und Pfeffer • 60 g Rucola

Zubereitung (30 Min. ohne Wartezeit)

- Für die Fülle die fein gehackten Zwiebeln mit Ingwer, fein gehacktem Knoblauch und Zitronengras in Olivenöl andünsten.
- Geschälte und in Scheiben geschnittene Schwarzwurzeln sowie geschälte kleinwürfelig geschnittene Karotten beigeben und weich garen (in der Pfanne ca. 8–10 Minuten, im Wok geht es schneller).
- Danach das in Streifen geschnittene Fischfilet beigeben.
- Die in heißem Wasser eingeweichten (1 Stunde vorher!) Glasnudeln abtropfen lassen, beigeben und mit Salz, Pfeffer und geschnittener Kresse würzen.
- Die leicht ausgekühlte Fülle diagonal auf die Mitte der ausgelegten Frühlingsrollenblätter geben, die Ränder mit Ei bestreichen und zusammenrollen.
- Für die Panier Ei verquirlen, die Kürbiskerne schroten und mit den Semmelbröseln mischen, dann die Frühlingsrollen mit Ei und Bröselgemisch panieren und in reichlich Erdnussöl frittieren.
- Für die Marinade alle Zutaten gut verrühren, den Rucola damit marinieren, auf Tellern anrichten und jeweils eine halbierte Frühlingsrolle daraufsetzen.
- Eventuell mit Kirschtomaten garnieren.

Roastbeef

mit Kürbiskernöltopfen gefüllt

Zutaten für 4 Portionen

ROASTBEEF
*ca. 600 g Weißes Scherzel**
Salz und Pfeffer
Senf
Öl zum Anbraten

FÜLLE
1 Tomate
250 g Topfen (Quark)
2 EL Sauerrahm (saure Sahne)
2 EL Milch (kann auch weggelassen werden)
2 EL Kürbiskerne, gehackt
Kren (Meerrettich), frisch gerieben
etwas Kürbiskernöl
Salz und Pfeffer

Zubereitung (ca. 40 Min. ohne Gar- und Wartezeit)

- Für das Roastbeef das Fleisch salzen, pfeffern und mit Senf einreiben, dann rundum in heißem Öl anbraten, schließlich im Ofen bei 100 °C bis auf 54 °C Kerntemperatur braten.
- Wenn das Fleisch fertig gebraten ist, aus dem Ofen nehmen und kalt stellen, über Nacht im Kühlschrank rasten lassen.
- Für die Fülle die Tomate vierteln, entkernen und das Fruchtfleisch in feine Würfel schneiden, mit den übrigen Zutaten außer dem Kürbiskernöl vermischen, zuletzt so viel Kürbiskernöl dazugeben, bis die Fülle den Geschmack erreicht, den man haben möchte, mit Salz und Pfeffer abschmecken.
- Das Roastbeef in dünne Scheiben schneiden und mit dem Topfen bestreichen, zusammenrollen und beliebig garnieren.

*** Weißes Scherzel: Teilstück vom Rind, aus dem Knöpfel (Schlögel oder Keule), in Deutschland auch „Rolle" genannt.**

Marinierter Kürbis

mit Rohschinken

Zutaten für 6 Portionen

400 g Kürbisfleisch (z. B. Muskatkürbis oder Roter Zentner)
250 ml Wasser
50 g Kristallzucker
4 cl weißer Balsamicoessig
Salz und Pfeffer
4 Thymianzweige
200 g Rohschinken

Zubereitung (35 Min. ohne Wartezeit)

- Das Kürbisfleisch in 1 cm große Würfel schneiden.
- Wasser und Kristallzucker aufkochen, Balsamicoessig, Salz, Pfeffer und Thymian zugeben und Minuten ziehen lassen.
- Kürbiswürfel zugeben, kurz aufkochen, dann vom Herd nehmen und über Nacht zugedeckt marinieren lassen.
- Am nächsten Tag den marinierten Kürbis aus dem Sud nehmen, mit Rohschinken dekorativ anrichten und mit Bauernbrot servieren.

Tipp

Wenn Sie marinierten Kürbis auf Vorrat machen wollen, dann nach dem Aufkochen Kürbisstücke mit Sud in gut verschließbare Schraubverschlussgläser füllen, auskühlen lassen und dann im Kühlschrank lagern. So halten sie ungeöffnet 2 Wochen.

Steirischer Rindfleischsalat

mit Eierschwammerln

Zutaten für 4 Portionen
800 g Tafelspitz
1 Bund Suppengrün
1 Zweig Liebstöckel
1 Lorbeerblatt
Salz
4 weiße Pfefferkörner

400 g Eierschwammerln (Pfifferlinge)
½ rote Zwiebel
4 EL Apfelessig
1 TL Estragonsenf
4 EL Suppe
1 EL Petersilie, fein geschnitten
4 EL Kürbiskernöl

Salat nach Saison
Schwarzbrot

Zubereitung (20 Min. ohne Kochzeit)

- Das Fleisch unter fließendem kaltem Wasser abwaschen, Suppengrün putzen, waschen, schälen und in kleine Stücke schneiden.
- 1,5 l kaltes Wasser mit Suppengrün, Liebstöckel, Lorbeerblatt, Salz und Pfefferkörnern in einem Topf zum Kochen bringen, dann das Fleisch zugeben und ca. 60 Minuten leise köcheln lassen, bis das Fleisch weich gekocht ist.
- Den Topf zum Auskühlen in Eiswasser stellen, das Fleisch aus der Suppe nehmen, die Suppe durch ein Sieb abseihen, abschmecken und anderweitig verwenden.
- Das Fleisch auf einen mit Küchenpapier ausgelegten Teller legen und beiseitestellen, Eierschwammerln putzen, größere halbieren oder vierteln, kleine ganz lassen, in Salzwasser blanchieren, abseihen, kalt abschrecken und abtropfen lassen.
- Zwiebel schälen und fein schneiden, Essig, Senf, Suppe, Petersilie, Salz und Pfeffer in eine Schüssel geben und verrühren, Eierschwammerln dazugeben, vermischen, abschmecken und etwas ziehen lassen.
- Das gekochte Rindfleisch in Scheiben, Streifen oder Würfel schneiden und auf Tellern auflegen, die marinierten Eierschwammerln mit dem Dressing darauf verteilen und mit Salatblättern garnieren, das Kernöl darüberträufeln und mit Schwarzbrot servieren.

Kürbis-Ingwer-Suppe

mit gefüllter Blätterteigrolle

Zutaten für 6 Portionen

ca. 700 g Festival- oder Muskatkürbis
1 Zwiebel • 2 Knoblauchzehen
4 EL Öl • 800 ml Gemüsesuppe
Salz und Pfeffer aus der Mühle
1 Prise Muskatnuss
1 Stück Ingwerwurzel (ca. 4 cm)
200 ml Obers (Sahne)
Kürbiskernöl zum Garnieren

1 P. Blätterteig (270 g)
50 g Frischkäse
100 g Schinken, in hauchdünne Scheiben geschnitten
1 grüne oder rote Chilischote (Schärfe nach persönlichem Belieben)
1 Eidotter zum Bestreichen
100 g Käse, gerieben
etwas Paprikapulver

6 Holzspieße

Zubereitung (ca. 35 Min. ohne Garzeit)

- Kürbis schälen, entkernen und in Würfel schneiden, Zwiebel und Knoblauch schälen, sehr fein würfeln und im Öl glasig anschwitzen.
- Kürbiswürfel dazugeben und mit der Suppe aufgießen, mit Salz, Pfeffer und Muskatnuss würzen.
- Ingwer schälen, reiben und zur Suppe geben, die Suppe ca. 15 Minuten köcheln lassen, bis alles weich gekocht ist, dann pürieren, passieren und abschmecken.
- Die Holzspieße in Wasser einlegen, Blätterteig aus dem Kühlschrank nehmen und aufrollen, mit dem Frischkäse bis auf 3 cm am oberen Längsrand bestreichen, mit dem Schinken belegen.
- Die Chilischote halbieren, von weißen Adern und Kernen befreien und in feine Streifen schneiden, diese auf dem Schinken verteilen.
- Den Teig der Länge nach einrollen und in 3 cm dicke Scheiben schneiden, mit dem verquirlten Eidotter bepinseln, die Scheiben auf die Spieße stecken und mit geriebenem Käse und Paprikapulver bestreuen, dann im auf 190 °C Umluft vorgeheizten Backofen 10–12 Minuten goldbraun backen.
- Obers in die Suppe geben, die Suppe aufmixen, in Gläser oder Schalen füllen und mit ein wenig Kernöl garnieren, mit dem Spieß servieren.

Kräftiger Kürbiseintopf

Zutaten für 4 Portionen

500 g Kürbisfleisch (z. B. Blue Ballet oder Pink Jumbo Banana)
400 g Schweineschulter
2 Zwiebeln
2 EL Butterschmalz
200 g Tomatenwürfel (aus der Dose)
300 ml Rindsuppe
500 g rohe Kartoffeln
2 Knoblauchzehen
1 TL Majoran
Salz und Pfeffer

Zubereitung (20 Min. ohne Garzeit)

- Geschältes, entkerntes Kürbisfleisch und Schweineschulter in mundgerechte Stücke schneiden, Zwiebeln schälen und klein schneiden.
- Das Butterschmalz in einem geeigneten Topf erhitzen, Zwiebeln darin anschwitzen.
- Das Fleisch dazugeben und gut anbraten, Tomatenwürfel hinzufügen, umrühren und mit der Suppe aufgießen, zum Kochen bringen und ca. 30 Minuten leise köcheln lassen.
- Danach die geschälten, in Würfel geschnittenen Kartoffeln, klein gehackten Knoblauch und Majoran dazugeben und weitere 15–20 Minuten köcheln lassen, bis die Fleischstücke weich sind.
- Erst dann die Kürbisstücke dazugeben und umrühren, mit Salz und Pfeffer würzen und etwa 10 Minuten köcheln lassen (die Kürbisstücke sollen nicht zu weich sein), abschmecken und mit Sauerrahm servieren.

Ölkürbissuppe

mit Knusperblüte

Zutaten für 4 Portionen

500 g grüner (unreifer) Ölkürbis (alternativ Zucchini)
½ Zwiebel (ca. 50 g)
1–2 Knoblauchzehen
3 EL Rapsöl
1 rohe Kartoffel (ca. 50 g)
50–75 ml trockener Weißwein
500 ml Gemüsesuppe
200 ml Hafer Cuisine
1 Rosmarinzweig
½ TL frischer Thymian, fein gehackt • Salz und Pfeffer
4 EL Steir. Kürbiskernöl g.g.A. zum Garnieren

TEMPURATEIG
50 g Mehl • 25 g Kartoffelstärke
1 TL Erdnussmus • 50 ml Wasser
70 g Eiswürfel • Salz
8 frische Kürbisblüten
500 ml Erdnussöl zum Ausbacken

Zubereitung (ca. 45 Min. ohne Gar- und Wartezeit)

- Ölkürbis waschen und in kleine Stücke schneiden (samt Schale, unreifen Kernen und schwammigem Gewebe rund um die Kerne!).
- Zwiebel und Knoblauch schälen, klein schneiden , im Öl glasig anschwitzen, Ölkürbiswürfel zugeben und kurz dünsten lassen, geschälte und geraspelte Kartoffel dazugeben, mit Weißwein ablöschen und kurz einkochen lassen (ohne Deckel), bis die Flüssigkeit verdunstet ist.
- Für den Tempurateig alle Zutaten gut vermischen ca. 10 Minuten stehen lassen (die Eiswürfel lösen sich mit der Zeit auf, das dabei entstehende Wasser immer wieder gut in den Teig einrühren; schlussendlich sollte der Teig die Konsistenz eines recht flüssigen Palatschinkenteiges haben).
- Die inzwischen eingekochte Suppenbasis mit Gemüsesuppe und Hafer Cuisine aufgießen, Gewürze zugeben, 5 Minuten zugedeckt leicht köcheln, Suppe anschließend vom Herd nehmen und 10 Minuten ziehen lassen.
- Eine Blüte nach der anderen in den eiskalten Tempurateig tunken und im auf 170 °C erhitzten Erdnussöl knusprig frittieren (ca. 3–4 Minuten bei 150–160 °C), anschließend auf Küchenpapier abtropfen lassen.
- Rosmarinzweig aus der Suppe nehmen, Suppe pürieren, abschmecken, anrichten, mit Steirischem Kürbiskernöl g.g.A. garnieren und die Knusperblüten dazu reichen.

Kapitel 2

Pikante Hauptgerichte

Ob als Beilage zu Fleisch oder Fisch oder als vegetarisches Gericht – es gibt unzählige Möglichkeiten, aus verschiedensten Kürbissorten köstliche Hauptspeisen zu bereiten. Soll der Kürbis nicht zerfallen, z. B. beim Braten oder Grillen, empfehlen sich Sorten wie Französische Beere, Muskatkürbis, Langer von Neapel und natürlich die Multi-Talente Hokkaido, Blue Ballet, Hubbard und Butternuss. Für Pürees, Strudelfüllungen oder als Beilage können auch weichere Sorten wie Spargel-, Eichel-, Festival- oder Trompetenkürbis verwendet werden. Nicht zu vergessen Zucchini, die z. B. wunderbar gefüllt werden können!

Pikanter Kürbisstrudel

Zutaten für 1 Strudel

600 g Kürbisfleisch (Pink Jumbo Banana oder Hokkaido)
2 Zwiebeln
2 Knoblauchzehen
2 EL Butter
Salz und Pfeffer
etwas Kümmel und Kurkuma, gemahlen
175 ml Crème fraîche
½ P. Strudelteigblätter (2 Blätter)
flüssige Butter zum Bestreichen

Zubereitung (45 Min. ohne Warte- und Backzeit)

- Das Kürbisfleisch schälen (Hokkaido muss nicht geschält werden) und in dünne Scheiben hobeln, Zwiebeln und Knoblauch schälen und fein schneiden.
- Butter in einer Pfanne schmelzen, Kürbis, Zwiebeln und Knoblauch zugeben und 10 Minuten nicht zu weich dünsten, mit Salz, Pfeffer, Kümmel und Kurkuma würzen, vermischen, vom Herd nehmen, auskühlen lassen und danach die Crème fraîche untermischen, abschmecken.
- Zwei Strudelteigblätter übereinander auf ein feuchtes Küchentuch legen und mit flüssiger Butter bestreichen.
- Die Fülle darauf verteilen, die Breitseiten nach innen einschlagen und die Teigblätter von der Längsseite her einrollen.
- Den Strudel mit dem Schluss nach unten auf ein mit Backpapier ausgelegtes Backblech legen, nochmals mit Butter bestreichen und im auf 180 °C vorgeheizten Backofen auf mittlerer Schiene 30 Minuten backen, aus dem Ofen nehmen und heiß servieren.

Tipp

Dazu passen ein Joghurt-Kräuter-Dip oder beliebiger grüner Salat!

Knusprige Kürbisschnitzel

Zutaten für ca. 4 Portionen

600 g Butternuss oder Langer von Neapel (Teile ohne Kerngehäuse)
Kräutersalz
Saft von 1 Zitrone

FÜLLE
1 Zwiebel
1 Knoblauchzehe
Rapsöl
je 60 g Dinkel- und Haferflocken
150 g Kürbisfleisch, geraspelt
3 Eidotter (Eigelb)
1 TL Kürbiskernöl
1 EL Petersilie, fein gehackt
Majoran
150 g Bergkäse
3 Eiklar (Eiweiß)

PANIER
Mehl
2 Eier (verquirlt)
Salz
150 g Semmelbrösel (Paniermehl)
100 g grob gehackte Kürbiskerne
Pflanzenöl und 1 EL Butterschmalz zum Ausbacken

Zubereitung (45 Min. ohne Wartezeit)

- Kürbis schälen und mit einer Brotschneidemaschine in ca. 3 mm dicke Scheiben schneiden, salzen, mit Zitronensaft marinieren und 30 Minuten ziehen lassen, dann mit Küchenpapier abtrocknen.
- Für die Fülle Zwiebel und Knoblauch schälen, klein schneiden und in Rapsöl anschwitzen, grob geriebene Dinkel- und Haferflocken dazugeben, kurz mitrösten, dann die Masse überkühlen lassen.
- Geraspelten Kürbis, Eidotter, Kürbiskernöl, Petersilie, Majoran und grob geriebenen Käse dazugeben und vermischen, mit Kräutersalz abschmecken und etwa 15 Minuten rasten lassen.
- Eiklar zu Schnee schlagen und unter die Kürbis-Dinkel-Masse heben (sollte die Masse zu weich sein, mit etwas Haferflocken oder Semmelbröseln festigen).
- Die Hälfte der Kürbisscheiben mit der Fülle bestreichen, die restlichen Scheiben darauflegen und eventuell die Ränder mit Zahnstochern fixieren.
- Die gefüllten Kürbisschnitzel in Mehl, in gesalzenem, verquirltem Ei und in mit Semmelbröseln gemischten Kürbiskernen panieren.
- Öl und Butterschmalz erhitzen, die panierten Kürbisscheiben schön knusprig frittieren, mit Küchenpapier trocken tupfen und mit Vogerlsalat servieren.

Tipp

Wenn die Zeit einmal knapp ist, einfach die Fülle zu Laibchen formen und in Öl knusprig braten, die ungefüllten Kürbisscheiben ebenfalls beidseitig in Öl braten.

Kürbis-Hühnerfleisch-Eintopf

Zutaten für 4 Portionen

1 Huhn (ca. 1 kg)
Salz und Pfeffer
Paprikapulver
Öl zum Braten
400 g Kürbisfleisch (z. B. Hubbard oder Butternuss) , geschält und entkernt
2 große Kartoffeln
1 Zwiebel
4 Lorbeerblätter
750 ml Hühner- oder Gemüsesuppe

Zubereitung (35 Min. ohne Bratzeit)

- Das Huhn unter fließendem kaltem Wasser abwaschen und abtrocknen, danach in kleine Stücke zerteilen und mit Salz, Pfeffer und etwas Paprika rundum würzen.
- In einem Bräter etwas Öl erhitzen, Hühnerstücke einlegen und rundum 10 Minuten anbraten.
- In der Zwischenzeit das Kürbisfleisch in kleine Würfel schneiden, Kartoffeln schälen und in kleine Würfel schneiden, Zwiebel schälen und fein hacken.
- Zuerst die Zwiebel zum Huhn in den Bräter geben und kurz mitrösten, danach die Kartoffel- und Kürbiswürfel dazugeben.
- Das Gemüse kurz mitrösten, Lorbeerblätter dazugeben und mit der Suppe nach und nach aufgießen, umrühren und zugedeckt ca. 20 Minuten leise köcheln lassen (das Hühnerfleisch sollte zart und weich sein und das Gemüse nicht verkocht).

Kürbisquiche

Zutaten für 1 Tarteform (ca. 26 cm Durchmesser)

TEIG
300 g Mehl
1 Prise Salz
100 g kalte Butter
1 Ei
2–3 EL Milch

FÜLLE
1 Zwiebel
1 Knoblauchzehe
2 EL Sonnenblumenöl
600 g Kürbisfleisch (z. B. Hokkaido, Blue Ballet oder Muskatkürbis), geschält und entkernt

GUSS
250 ml Obers (Sahne)
3 Eier
Salz und Pfeffer

Zubereitung (ca. 25 Min. ohne Warte- und Backzeit)

- Für den Teig das Mehl mit dem Salz und der gewürfelten, kalten Butter mit den Händen fein verbröseln, mit dem verquirlten Ei und der Milch rasch zu einem glatten Teig verkneten.
- Den Teig zu einer Kugel formen, in Frischhaltefolie wickeln und im Kühlschrank etwa 30 Minuten rasten lassen.
- Danach den Teig aus dem Kühlschrank nehmen und auf einer leicht bemehlten Arbeitsfläche etwas größer als die Form ausrollen.
- Die Quicheform leicht befetten und mit dem ausgerollten Teig auslegen, mehrmals mit einer Gabel einstechen und bei 180 °C Umluft etwa 10 Minuten ohne Füllung blindbacken.
- Für die Fülle Zwiebel und Knoblauch schälen und fein hacken, Kürbisfleisch in gleichmäßige kleine Würfel schneiden.
- Öl in einer Pfanne erhitzen, Zwiebel und Knoblauch darin anschwitzen, Kürbis zugeben, kurz mitrösten lassen, danach auf dem vorgebackenen Teig verteilen.
- Für den Guss Obers mit Eiern verquirlen, mit Salz und Pfeffer würzen, über den Kürbis gießen und die Quiche im auf 180 °C Umluft vorgeheizten Backofen etwa 30 Minuten goldbraun backen.

Zucchini-Karotten-Schichtkuchen

mit Walnüssen

Zutaten für 1 Kastenform (ca. 30 x 10 cm, 8 cm hoch)

400 g Zucchini
400 g Karotten

TEIG
1 Zwiebel
70 g Walnüsse
2 EL Öl
3 Eier
60 g Butter
Salz und Pfeffer
100 g Mehl
180 ml Milch
100 g Bergkäse, fein gerieben

Butter und Mehl für die Form

Zubereitung (40 Min. ohne Backzeit)

- Die Zucchini waschen, putzen und abtrocknen, am besten mit der Aufschneidemaschine der Länge nach in 2–3 mm dicke Scheiben schneiden, auf Küchenpapier auflegen. Die Karotten waschen, schälen und mit dem Gemüsehobel längs ebenfalls dünn hobeln.
- Für den Teig die Zwiebel schälen und in kleine Würfel schneiden, Walnüsse grob hacken, im erhitzten Öl leicht anrösten, vom Herd nehmen.
- Die Eier mit dem Schneebesen gut aufschlagen, die zerlassene Butter, Zwiebel und Walnüsse dazugeben und kräftig würzen, gut vermischen und abwechselnd Mehl und Milch einarbeiten, zuletzt den geriebenen Käse untermischen.
- In die befettete und bemehlte Form Karottenscheiben legen, mit einem Schöpflöffel etwas Teig darauf verteilen, eine Schicht Zucchinischeiben darauflegen, ebenfalls mit Teig bedecken und so fortfahren, bis die Zutaten aufgebraucht sind.
- Den Kuchen im vorgeheizten Backofen bei 180 °C Umluft ca. 70 Minuten backen, aus dem Ofen nehmen, mindestens 3 Stunden auskühlen lassen, danach aus der Form stürzen und in Scheiben schneiden.

Szegediner-Kürbiskraut

mit Rollschinken

Zutaten für 6 Portionen

2 kg grüner (unreifer) Ölkürbis (alternativ Zucchini, Patisson oder Gelber Zentner)
1 Zwiebel
2 Knoblauchzehen
2 EL Öl
100 g Bauchspeck
1 EL Paprikapulver
1 TL Kümmel, ganz
2 EL Tomatenmark
250 ml Rindsuppe
Salz und Pfeffer
1 EL Mehl
150 ml Sauerrahm (saure Sahne)

400 Kartoffeln
600 g Rollschinken, gekocht

Zubereitung (35 Min. ohne Garzeit)

- Den Kürbis grob raspeln (Ölkürbis bzw. Zucchini ungeschält und mit Kernen, Gelben Zentner bzw. Patisson schälen und entkernen), Zwiebel und Knoblauch schälen und klein schneiden.
- Im erhitzten Öl Zwiebel, Knoblauch und in dünne Streifen geschnittenen Speck anrösten, Gewürze und Tomatenmark zugeben, kurz rösten und dann mit der Suppe aufgießen, aufkochen lassen, Kürbisraspel zugeben, mit Salz und Pfeffer würzen und zugedeckt nicht zu weich dünsten.
- In der Zwischenzeit die Kartoffeln schälen und in Salzwasser dünsten, den gekochten Rollschinken in Scheiben schneiden und erwärmen.
- Mehl und Sauerrahm in einer Schüssel glatt rühren und zügig in das Kürbiskraut einrühren, vom Herd nehmen und abschmecken.
- Das Szegediner-Kürbiskraut mit Rollschinken und Salzkartoffeln anrichten.

Gefüllter Kürbis

Zutaten für 4 Portionen

1 P. Sojagranulat (125 g)
1 Hokkaido (ca. 1,5 kg)
1 große Zwiebel
100 g Kräuterseitlinge
etwas Olivenöl zum Anbraten
Salz und Pfeffer
4 Knoblauchzehen, gepresst
1 Fenchelknolle
100 g Karotten
frische Kräuter (Petersilie, Thymian, Rosmarin)
300 g gekochter Reis

Zubereitung (ca. 50 Min. ohne Grillzeit)

- Das Sojagranulat in 500 ml heißem Wasser 10 Minuten ziehen lassen, den Kürbis waschen, oben einen „Deckel" abschneiden, Kürbis von den Kernen oder vom Kerngehäuse befreien, dann aushöhlen (es soll noch ca. 1 cm Rand bleiben) und das Fruchtfleisch beiseitegeben.
- Zwiebel und Pilze klein schneiden, Öl in eine Pfanne geben und die Zwiebel und das Sojagranulat anbraten, nach einigen Minuten die Pilze zugeben und weiterrösten, mit Salz, Pfeffer und Knoblauch würzen und 10–15 Minuten dünsten lassen.
- Kürbisfruchtfleisch, Fenchel und geschälte Karotten in feine Streifen schneiden, das Gemüse in die Pfanne geben, gut mit der Soja-Pilz-Masse vermengen und weiterbraten.
- Zum Schluss die Kräuter fein hacken und unter die Masse mischen.
- Den gekochten Reis untermengen und alles in den Kürbis füllen.
- Den gefüllten Kürbis mit dem Deckel verschließen (mit 3–4 Spießen) und dann im auf 160–180 °C Umluft vorgeheizten Backofen ca. 30–40 Minuten braten oder in einem Kugelgrill* grillen.

*** Kugelgrill (Gas oder Holzkohle); Grilltemperatur: 160–180 °C, Grillmethode: indirekt**

Gekochter Tafelspitz

mit eingelegtem Kürbisgemüse

Zutaten für 4 Portionen

ca. 1 kg Tafelspitz
250 g Wurzelgemüse
1 Jungzwiebel
1,5 l Wasser
1 TL Weißweinessig
5 Liebstöckelblätter
4 weiße Pfefferkörner
Salz
300 g eingelegtes Kürbisgemüse
(Rezept siehe S. 160)

Zubereitung (30 Min. ohne Kochzeit)

- Den Tafelspitz unter fließendem kaltem Wasser abwaschen und abtropfen lassen.
- Das Wurzelgemüse und die Jungzwiebel putzen, schälen und in kleine Stücke schneiden.
- Wasser und Essig in einem Topf zum Kochen bringen, eine Hälfte vom Gemüse mit dem Tafelspitz in das kochende Essigwasser geben und wenig salzen, nach ca. 40 Minuten das restliche Gemüse mit den Kräutern und Gewürzen dazugeben und so lange köcheln lassen, bis das Fleisch weich ist (ca. 90 Minuten).
- Den Topf vom Herd nehmen und ca. 10 Minuten mit Deckel ziehen lassen, währenddessen das eingelegte Kürbisgemüse aus dem Glas nehmen (ohne Sud), in einer Kasserolle leicht erwärmen.
- Das Fleisch aus der Suppe* herausnehmen und in dünne Scheiben schneiden, auf Tellern anrichten und mit lauwarmem Kürbisgemüse vollenden.

*** Die Suppe abseihen, abschmecken und bis zum Gebrauch in den Kühlschrank stellen oder einfrieren.**

Risotto

mit Pak Choi und Kürbis

Zutaten für 4 Portionen

200 g Pak Choi
300 g Kürbisfleisch (z. B. Butternuss oder Blue Banana), geschält und entkernt
1 Zwiebel
2 EL Sonnenblumenöl
250 ml Weißwein
300 g Rundkorn- oder Risottoreis
ca. 1 l Gemüsesuppe
Salz und Pfeffer
2 EL Frischkäse

Zubereitung (ca. 20 Min. ohne Kochzeit)

- Pak Choi waschen, zunächst die weißen Stiele und die grünen Blätter auseinanderschneiden und getrennt in feine Streifen schneiden.
- Das Kürbisfleisch in kleine Würfelchen schneiden, die Zwiebel fein schneiden.
- Sonnenblumenöl in einer Pfanne erhitzen und die Zwiebel darin anschwitzen.
- Die weißen Pak-Choi-Streifen und das Kürbisfruchtfleisch zugeben und alles kurz durchrösten, mit Weißwein ablöschen und einköcheln lassen.
- Den Reis zugeben und mit Gemüsesuppe aufgießen, aufkochen lassen, mit Salz und Pfeffer würzen, dann die Hitze reduzieren und bei schwacher Temperatur etwa 20 Minuten unter Rühren dünsten lassen.
- Die grünen Pak-Choi-Streifen und den Frischkäse unterrühren und nochmals etwa 20 Minuten dünsten lassen, bis der Risotto schön cremig ist (eventuell etwas mehr Suppe nachgeben) und mit Salz und Pfeffer abschmecken.

Kürbis-Kebap

Zutaten für 4 Portionen

KEBAP-BRÖTCHEN
200 g Vollkornmehl
300 g glattes Weizenmehl
1 Prise Zucker • 2 TL Salz
20 g frische Germ • 4 EL Olivenöl
ca. 250 ml lauwarmes Wasser

etwas Milch zum Bestreichen

ROTKRAUTSALAT
400 g Rotkraut • etwas Olivenöl
Salz und Pfeffer

FRISCHKÄSECREME
2 EL Frischkäse • 2–3 EL Naturjoghurt • frisch gehackte Kräuter
etwas Salz

KÜRBIS
ca. 700–800 g Kürbis (z. B. Französische Beere oder Butternuss)
2 EL Olivenöl • Chilipulver (nach Geschmack) • Salz

1–2 Tomaten, in Scheiben geschnitten • einige Salatblätter
1 Frühlingszwiebel, fein geschnitten

Zubereitung (ca. 45 Min. ohne Back- und Bratzeit)

- Für die Brötchen beide Mehlsorten, Zucker und Salz vermengen, die Hefe hineinbröseln, Olivenöl und lauwarmes Wasser zugießen und zu einem glatten Teig verkneten, zugedeckt an einem warmen Ort ca. 30 Minuten gehen lassen.
- Dann den Teig in vier Teile teilen, daraus auf einer bemehlten Arbeitsfläche kleine Laibchen formen, auf ein mit Backpapier belegtes Blech legen, nochmals gehen lassen, mit Milch bestreichen und im auf 220 °C Umluft vorgeheizten Backofen etwa 20–30 Minuten backen, auskühlen lassen.
- Für den Salat das Rotkraut hobeln oder fein schneiden, mit Olivenöl, Salz und Pfeffer marinieren und beiseitestellen.
- Für die Frischkäsecreme alle Zutaten verrühren und mit Salz abschmecken.
- Kürbis schälen, entkernen und das Fruchtfleisch in gleichmäßige Würfel schneiden.
- In einer Pfanne Olivenöl erhitzen und die Kürbiswürfel darin ordentlich durchrösten, vom Herd nehmen und mit Salz und etwas Chilipulver würzen.
- Kebap-Brötchen aufschneiden und mit Kürbis, Rotkraut, Frischkäsecreme, Tomatenscheiben, Salatblättern und Frühlingszwiebeln füllen.

Kürbis-Polenta-Auflauf

Zutaten für 6 Portionen

800 g Kürbisfleisch (z. B. Futsu Kurokawa oder Muskatkürbis), geschält und entkernt
1 Zwiebel
2 Knoblauchzehen
1 EL Öl
wenig Gemüsesuppe
300 ml Milch
250 ml Gemüsesuppe
70 g Polenta (Maisgrieß)
100 g Käse, fein gerieben
2 Eier
Salz und Pfeffer
Currypulver
Chilipulver und grüne Currypaste

Butter für die Form
geröstete Kürbiskerne zum Garnieren

Zubereitung (20 Min. ohne Backzeit)

- Zwei Drittel vom Kürbisfleisch in 1 cm große Würfel, den Rest in dünne Scheiben oder Spalten schneiden.
- Zwiebel und Knoblauch schälen und fein schneiden, mit den Kürbiswürfeln im heißen Öl kurz anrösten, mit ganz wenig Gemüsesuppe angießen, so dass der Boden bedeckt ist, und zugedeckt kurz dünsten, beiseitestellen.
- In einem Topf Milch und Suppe zum Kochen bringen, Polenta mit dem Schneebesen einrühren, einige Minuten köcheln lassen, Käse einrühren und vom Herd nehmen.
- Gedünstete Kürbis-Zwiebel-Knoblauch-Mischung, Eier, Salz und Gewürze zur Polentamasse geben, vermischen und abschmecken.
- Masse in eine ausgebutterte hitzebeständige Form füllen, mit den Kürbisscheiben oder -spalten bedecken und im vorgeheizten Backofen bei 160 °C Umluft ca. 40 Minuten backen.
- Portionieren und mit gerösteten Kürbiskernen bestreut servieren.

Schweinerückensteak

mit Kürbis und Ingwer-Preiselbeeren

Zutaten für 4 Portionen

4 Schweinerückensteaks à 160 g
Salz und Pfeffer
Öl zum Braten

600 g Kürbis (Langer von Neapel oder Muskatkürbis)
2 EL Öl
Salz
200 g Preiselbeeren
80 g Kristallzucker
abgeriebene Schale von ½ Bio-Orange
Saft der ganzen Orange
2–3 cm Ingwer

Tipp

Wird das Öl in der Pfanne gesalzen, löst es sich leichter auf. Der Kürbis wird rundum gleichmäßig damit gewürzt.

Zubereitung (45 Min. ohne Garzeit)

- Die Steaks mit Salz und Pfeffer würzen, etwas Öl in einer Pfanne erhitzen, Steaks einlegen, kurz anbraten, wenden und danach im vorgeheizten Backofen bei 160 °C ca. 12 Minuten fertig braten.
- Den Kürbis schälen und die Kerne entfernen, das Fruchtfleisch in 5 mm dünne Scheiben schneiden.
- Öl in einer Pfanne erhitzen, leicht salzen und die Kürbisstücke darin auf beiden Seiten anbraten, danach zum Fleisch in den Backofen geben.
- Die Preiselbeeren verlesen und mit dem Kristallzucker in eine Kasserolle geben, bei mittlerer Hitze köcheln lassen, dabei immer wieder umrühren, die abgeriebene Orangenschale zu den Preiselbeeren geben, ebenso den Orangensaft.
- Ingwer schälen, die Hälfte in dünne Scheiben schneiden, den Rest fein reiben, beides zu den Preiselbeeren geben und umrühren, so lange köcheln lassen, bis eine marmeladeartige Konsistenz entstanden ist, eventuell mit Zucker abschmecken.
- Die Steaks und den Kürbis aus dem Ofen nehmen, das Fleisch aus der Pfanne nehmen und kurz rasten lassen, danach mit dem Kürbis und den Preiselbeeren auf vorbereiteten Tellern anrichten.

Wildschwein-Karreesteaks

mit Kürbissauerkraut

Zutaten für 4 Portionen

800 g Wildschweinkarree ohne Knochen
Salz und Pfeffer
Rapsöl zum Braten
8 Scheiben Schinkenspeck
1 TL Speisestärke

400 g Sauerkraut
300 g Kürbis (Gelber oder Roter Zentner oder Butternuss)
1 Zwiebel
2 Knoblauchzehen
1 EL Rapsöl
500 ml Rindsuppe
Salz und Pfeffer
Kümmel, ganz
2 Lorbeerblätter

Zubereitung (45 Min. ohne Koch- und Bratzeit)

- Das Wildschweinkarree in 8 Steaks schneiden, diese auf beiden Seiten leicht mit Salz und Pfeffer würzen.
- Fleisch im erhitzten Rapsöl auf beiden Seiten kurz anbraten, je eine Scheibe Speck auf jedes Steak legen und im vorgeheizten Backofen bei 160 °C Ober-/Unterhitze ca. 12 Minuten fertig braten.
- Das Sauerkraut in ein Sieb geben, mit kaltem Wasser waschen und abtropfen lassen.
- Kürbis schälen, entkernen, in dünne Stifte schneiden (oder auch grob raspeln), Zwiebel und Knoblauch schälen und klein schneiden.
- Zwiebel im erhitzten Rapsöl hell anrösten und das Sauerkraut mit dem Knoblauch dazugeben, mit der Rindsuppe aufgießen und umrühren, mit Salz, Pfeffer, Kümmel und Lorbeerblättern würzen, vermischen und zugedeckt 15 Minuten köcheln lassen, dann den Kürbis untermischen und 5 Minuten mitköcheln lassen, abschmecken und beiseitestellen.
- Die Pfanne aus dem Ofen nehmen, Steaks herausnehmen und warm stellen, den Bratensaft abseihen, mit Speisestärke binden, unter Rühren kurz aufkochen lassen und abschmecken.
- Das Kürbis-Sauerkraut mit den Steaks und dem Bratensaft anrichten und heiß servieren.

Tipp

Dazu passen Bratkartoffeln!

Berglinsen
mit Kürbisgnocchi

Zutaten für 4 Portionen

GNOCCHI
250 g mehlige Kartoffeln
350 g Kürbis (Muskatkürbis oder Bischofsmütze)
100 g Hartweizengrieß
40 g Speisestärke
30 g flüssige Butter
1 Eidotter (Eigelb)
50 g Gorgonzola
Salz und Pfeffer
Muskatnuss
Mehl für die Arbeitsflache

LINSEN
250 g Berglinsen (oder andere Sorten wie Beluga-, Teller- oder Pardinalinsen)
2 Knoblauchzehen
250 g Radicchio
2 EL Kürbiskerne
2 EL Butter
8 Salbeiblätter
Salz und Pfeffer
2 EL Sauerrahm (saure Sahne)
2 EL Kürbiskernöl

Zubereitung (60 Min. ohne Garzeit)

- Für die Gnocchi die Kartoffeln waschen, schälen und in kleine Würfel schneiden, Kürbis schälen, entkernen, in kleine Würfel schneiden und mit den Kartoffeln in leicht gesalzenem Wasser ca. 15 Minuten weich kochen, abseihen und ausdampfen lassen, danach Kürbis und Kartoffeln durch eine Kartoffelpresse in eine Schüssel drücken. Grieß, Stärke, flüssige Butter und Eidotter dazugeben, Gorgonzola hineinbröseln, mit Salz, Pfeffer und Muskatnuss würzen, gut durchmischen und rasten lassen.
- Auf einer bemehlten Arbeitsfläche den Teig zu einer Rolle formen, davon ca. 3 cm lange Stückchen abschneiden und zu Gnocchi formen.
- In einem großen Topf Salzwasser zum Kochen bringen und die Gnocchi so lange darin kochen, bis sie an der Oberfläche schwimmen, die Hitze reduzieren und weitere 10 Minuten ziehen lassen. Die Linsen abbrausen, in ungesalzenem Wasser bissfest kochen, abseihen und abtropfen lassen.
- Knoblauch schälen und fein schneiden, Radicchio putzen, waschen und in dünne Streifen schneiden, Kürbiskerne in einer Pfanne ohne Fett kurz rösten und beiseitestellen.
- Butter in einer Pfanne schmelzen, Salbeiblätter klein zupfen und mit Knoblauch, Kürbiskernen, Radicchio und Linsen in die Pfanne geben, mit Salz und Pfeffer würzen und gut erhitzen, dann vom Herd nehmen, Sauerrahm einrühren, abschmecken und die Linsen auf Tellern verteilen.
- Gnocchi mit einem Schaumlöffel aus dem Kochwasser heben, abtropfen lassen und auf den Linsen anrichten, mit Kürbiskernöl beträufeln und heiß servieren.

Tipp

Nur Tellerlinsen sollten vor dem Kochen 1–2 Stunden eingeweicht werden, dann verringert sich ihre Kochzeit auf ca. 30 Minuten. Alle anderen Sorten brauchen ohnehin nur 20–30 Minuten, bis sie gar sind. Gelbe und rote Linsen sind geschält und zerfallen beim Kochen leicht.

Pikante Topfenknödel

auf Rahmkürbisgemüse

Zutaten für 4 Portionen

KNÖDEL
250 g Topfen
(Quark, 20 % F. i. Tr.)
2 EL griffiges Weizenmehl
2 EL Weizengrieß
2 EL flüssige Butter
1 Ei
Salz, Muskatnuss und Majoran
Butter zum Schwenken

RAHMKÜRBISGEMÜSE
400 g Kürbisfleisch (z. B. Trompetenkürbis oder Muskatkürbis), geschält und entkernt
2 Schalotten
1 Knoblauchzehe
1 EL Butter
125 ml Obers (Sahne)
Salz
Kreuzkümmel, gemahlen
4 EL Petersilie oder Schnittlauch, fein gehackt

Zubereitung (45 Min. ohne Warte- und Garzeit)

- Für die Knödel Topfen in ein Tuch geben, gut ausdrücken und in eine Schüssel geben.
- Die übrigen Knödelzutaten dazugeben und mit dem Mixer gut vermischen, mit Frischhaltefolie zugedeckt 30 Minuten in den Kühlschrank stellen.
- Für das Kürbisgemüse das Kürbisfleisch in kleine Würfel schneiden, Schalotten und Knoblauch schälen und klein schneiden.
- Butter in einer Kasserolle schmelzen, Kürbis mit Schalotten und Knoblauch dazugeben, umrühren und kurz dünsten.
- Mit Obers aufgießen und mit Salz und Kreuzkümmel würzen, einmal aufkochen lassen, danach noch ca. 5 Minuten leise köcheln lassen (der Kürbis sollte nicht zu weich werden).
- Aus der Topfenmasse mit nassen Händen kleine Knödel formen, in kochendes Salzwasser geben, aufsteigen lassen und danach ca. 10–15 Minuten ziehen lassen.
- Etwas Butter in einer Pfanne schmelzen.
- Knödel mit einem Schaumlöffel aus dem Wasser heben, abtropfen lassen und in der Butter schwenken.
- Das Kürbisgemüse mit den Knödeln anrichten und mit Kräutern bestreut heiß servieren.

Zoodles (Zucchininudeln)

aglio e olio mit getrockneten Tomaten

Zutaten für 4 Portionen

4 Zucchini
4 Knoblauchzehen
ca. 100 g getrocknete Tomaten
Parmesan nach Belieben
Olivenöl
Salz und Pfeffer

Rucola zum Garnieren

Zubereitung (25 Min.)

- Die Zucchini mit einem Spiralschneider zu „Zoodles" verarbeiten.
- Die Knoblauchzehen schälen, wie die getrockneten Tomaten klein schneiden und in etwas Olivenöl anbraten.
- „Zoodles" dazugeben und mitbraten, nach Belieben etwas Parmesan untermischen und mit Salz und Pfeffer würzen.
- Die „Zoodles" mit Rucola garniert servieren.

Tipp

Man kann zusätzlich auch „richtige" Nudeln kochen und mit den „Zoodles" und den übrigen Zutaten vermischen.

Spaghettikürbis
mit Spinat und Käse

Zutaten für 2 Personen

1 Spaghettikürbis (ca. 1 kg)
1 Zwiebel
2 Knoblauchzehen
1–2 EL Öl
200 g Blattspinat
100 g Ziegen- oder Schafkäse
40 g getrocknete Tomaten
Salz und Pfeffer

Zubereitung (ca. 25 Min. ohne Garzeit)

- Spaghettikürbis der Länge nach halbieren, Kerne entfernen und die Hälften mit der Schnittfläche nach unten auf ein mit Backpapier belegtes Blech legen.
- Die Kürbishälften bei 200 °C (Umluft) etwa 40 Minuten garen.
- Danach das Fruchtfleisch mit einer Gabel auskratzen (dabei sollte dieses in spaghettiähnliche Fasern zerfallen).
- Zwiebel und Knoblauch schälen, fein hacken, den Blattspinat waschen und grob schneiden.
- Das Öl in einer Pfanne erhitzen, zuerst Zwiebel und Knoblauch darin anschwitzen lassen, danach den Blattspinat dazugeben und kurz anrösten.
- Käse in kleine Stückchen brechen und die Tomaten grob schneiden, beides zum Spinat geben und kurz durchrösten.
- Den Kürbis vorsichtig unterheben, mit Salz und Pfeffer abschmecken und mit grünem Salat servieren.

Backofenkartoffeln

mit Kürbisspalten

Zutaten für 4 Portionen

½Hokkaido
500 g festkochende Kartoffeln
500 g blaue Kartoffeln (z. B. Sorte Violetta)
2 kleine Zwiebeln
2 EL Olivenöl
1 Knoblauchzehe
etwas Oregano
Salz und Pfeffer
2 Rosmarinzweige

Tipp

Dazu passen ein klassischer Dip aus Naturjoghurt und frisch gehackten Kräutern und ein grüner Salat.

Zubereitung (ca. 25 Min. ohne Bratzeit)

- Hokkaido waschen, halbieren, Stielansatz und Kerngehäuse entfernen und Fruchtfleisch in dünne Spalten schneiden.
- Kartoffeln schälen und in Spalten schneiden, Zwiebeln ebenfalls in kleine Spalten schneiden und die einzelnen Schichten auseinanderzupfen.
- Das Gemüse in eine Schüssel geben und mit Olivenöl, gepresstem Knoblauch, etwas Oregano, Salz und Pfeffer vermengen, auf einem mit Backpapier ausgelegten Backblech verteilen und Rosmarinzweige darauflegen.
- Das Gemüse bei 180 °C (Umluft) etwa 30 Minuten backen, danach vorsichtig wenden und weitere 30 Minuten im Backofen braten lassen.

Kürbis-Mangold-Lasagne im Suppenteller

Zutaten für 4 große Portionen

600 g Kürbisfleisch (z. B. Spargelkürbis oder Butternuss), geschält und entkernt
200 g Mangoldblätter ohne Stiel
4 Schalotten
2 EL Butter
30 g Weizenmehl
400–500 ml Gemüsesuppe
250–300 ml Obers (Sahne)
Salz und Pfeffer
Muskatnuss, fein gerieben
150 g Gouda
200 g grüne Lasagneblätter

Butter für die Suppenteller

Zubereitung (40 Min. ohne Garzeit)

- Das Kürbisfleisch in dünne Scheiben und die Mangoldblätter in dünne Streifen schneiden, Schalotten schälen und in kleine Würfel schneiden.
- 1 EL Butter in einer Pfanne schmelzen, Kürbis einlegen und auf beiden Seiten kurz anbraten, aus der Pfanne auf eine Platte legen.
- In derselben Pfanne die Schalotten mit der restlichen Butter glasig anrösten, das Mehl darüberstreuen, mit etwas Suppe aufgießen und unter ständigem Rühren mit dem Schneebesen ein paar Minuten einkochen lassen.
- Das Obers und die restliche Suppe zugießen, gut durchrühren, mit Salz, Pfeffer und Muskatnuss würzen und 10 Minuten leise köcheln lassen, den Käse in kleine Würfel schneiden und einarbeiten.
- Die hitzebeständigen Suppenteller mit Butter einfetten und danach abwechselnd Käsesauce, Teigblätter, Kürbis und Mangold einschichten, mit Teigblättern und einer Schicht Sauce abschließen.
- Die Lasagne im vorgeheizten Backofen bei 180 °C auf dem Rost auf unterster Schiene 25 Minuten garen, aus dem Ofen nehmen und sofort servieren.

Kürbiskuchen
mit Blauschimmelkäse

Zutaten für 1 Auflaufform (ca. 20 x 30 cm) oder 1 Springform (24 cm Ø)

3 Jungzwiebeln
4 Knoblauchzehen
5 EL Kürbiskerne
3 EL Öl
3 Eier
Salz und Pfeffer
etwas Kümmel, gemahlen
120 g Weizenvollkornmehl
100 g Blauschimmelkäse
150 ml Milch

800 g Kürbisfleisch (z. B. Langer von Neapel oder Hubbard), geschält und entkernt

Butter und Mehl für die Form

Zubereitung (45 Min. ohne Backzeit)

- Für den Teig die Jungzwiebeln putzen, der Länge nach halbieren und unter fließendem Wasser waschen, abtrocknen und in dünne Ringe schneiden, Knoblauch schälen und klein schneiden, Kürbiskerne klein hacken.
- Öl in einer Pfanne erhitzen, die vorbereiteten Zutaten dazugeben und einige Minuten rösten, dann die Pfanne vom Herd nehmen und die Röstmischung auskühlen lassen
- Die Eier in einer Schüssel mit dem Schneebesen aufschlagen, die Röstmischung dazugeben und mit Salz, Pfeffer und Kümmel würzen.
- Das Mehl hinzufügen und gut untermischen, dann den Käse hineinbröseln und mit der Milch gut verrühren.
- Das Kürbisfleisch in dünne Scheiben schneiden oder hobeln und unter den Teig mischen.
- Die Kuchenmasse in die befettete und bemehlte Form füllen (zwischendurch immer wieder glatt streichen) und im auf 180 °C vorgeheizten Backofen auf einem Rost auf mittlerer Schiene etwa 60 Minuten backen.
- Den fertigen Kuchen aus dem Ofen nehmen, 2–3 gut auskühlen lassen, erst dann aus der Form stürzen und in beliebige Stücke schneiden.

Tipp

Der Kuchen kann kalt gegessen werden oder falls gewünscht vor dem Servieren in der Mikrowelle aufgewärmt werden.

Kartoffel-Selchfleischknödel

Zutaten für 12 Stück

KNÖDELTEIG
1 kg mehlige Kartoffeln
100–150 g griffiges Mehl
2 große Eier • Salz
1 Prise Muskatnuss
3 EL Steir. Kürbiskernöl g.g.A.
1 EL Weizengrieß

FÜLLE
200 g Selchfleisch (Geräuchertes)
1 große Zwiebel
1 Knoblauchzehe
2 EL Öl
2 EL Petersilie, gehackt
1 TL Majoran
Salz und Pfeffer
Öl zum Anbraten

Tipp

Dazu Kürbiskraut oder Kürbissauerkraut servieren (Rezepte siehe S. 77 und 84).

Zubereitung (40 Min. ohne Warte- und Garzeit)

- Für den Teig die Kartoffeln kochen, abseihen, die noch heißen Kartoffeln schälen, sofort pressen und vor dem Weiterverarbeiten gut abkühlen lassen, dann mit den restlichen Teigzutaten schnell zu einem geschmeidigen Teig verarbeiten (etwas mehr Mehl zugeben, falls der Teig zu patzig sein sollte) und 60 Minuten rasten lassen.
- Für die Fülle Selchfleisch fein schneiden oder faschieren, Zwiebel und Knoblauch schälen und ebenfalls klein schneiden, in einer Pfanne im erhitzten Öl anschwitzen lassen, Petersilie und Selchfleisch zugeben und bei mäßiger Hitze leicht anbraten. Fülle mit Majoran, Salz und Pfeffer abschmecken und abkühlen lassen.
- In einem großen Kochtopf reichlich Wasser und Salz zum Sieden (nicht Kochen!) bringen.
- Kartoffelteig zu einer Rolle formen und in 12 Stücke schneiden, mit nassen Händen die Teigstück in der Handfläche flach drücken.
- Etwas Fülle daraufgeben und mit dem Teig umhüllen, zu Knödeln formen (darauf achten, dass die Fülle nicht durch Lücken im Teigmantel austreten kann).
- Knödel in das siedende Salzwasser einlegen, wenn sie an der Oberfläche schwimmen, noch 2-3 Minuten drinnen lassen (Achtung - Wasser schäumt leicht über), anschließend mit einem Siebschöpfer herausnehmen und sofort servieren oder bis zum Anrichten warm stellen.

Vollkornreis-Kürbislaibchen

mit Kräuterdip

Zutaten für 4 Portionen

250 g Vollkornreis
250 g Kürbis (z. B. Langer von Neapel oder Butternuss)
1 rote Zwiebel
1 EL Magertopfen (Magerquark)
3 Eier
1 EL Speisestärke
50 g Tilsiter, fein gerieben
Öl zum Braten
1 Jungzwiebel zum Garnieren

DIP
150 ml Joghurt
2 EL gemischte Kräuter (z. B. Petersilie, Thymian, Schnittlauch), fein geschnitten
Salz und Pfeffer
1 Prise Kristallzucker

Zubereitung (40 Min. ohne Koch- und Bratzeit)

- Den Reis in 500 ml leicht gesalzenem Wasser weich kochen, abseihen, mit kaltem Wasser abschrecken und abtropfen lassen, Kürbis schälen, vom Kerngehäuse befreien und fein reiben.
- Die Zwiebel schälen und klein schneiden, Reis, Kürbis und Zwiebelstücke mit den restlichen Zutaten in einer geeigneten Schüssel gut vermischen und etwas ziehen lassen.
- Für den Dip das Joghurt in eine geeignete Schüssel geben, Kräuter und Gewürze dazugeben, vermischen, abschmecken und kalt stellen.
- Öl in einer Bratpfanne erhitzen, aus der Masse kleine Laibchen formen und im heißen Öl bei mittlerer Hitze auf beiden Seiten braten, aus der Pfanne auf eine Platte geben, warm stellen und fortfahren, bis die Masse aufgebraucht ist.
- Danach die Laibchen mit fein geschnittenen Jungzwiebelröllchen garnieren und mit dem Kräuterdip servieren.

Hokkaido-Kalbfleisch-Eintopf

Zutaten für 4 Portionen

1 Hokkaido (ca. 1 kg)
1 Zwiebel
1 Knoblauchzehe
400 g Kalbsschulter
2 EL Butter
250 ml Rindsuppe
abgeriebene Schale von ½ Bio-Zitrone
125 ml Obers (Sahne)
Salz und Pfeffer
Muskatnuss
200 g Hörnchen-Nudeln
2 EL Basilikumblätter, fein geschnitten

Zubereitung (20 Min. ohne Garzeit)

- Den Kürbis waschen und abtrocknen, mit einem scharfen Messer einen Deckel abschneiden, das Kerngehäuse mit einem Suppenlöffel herausnehmen, das Kürbisfleisch bis auf ½ cm zur Schale herauslösen.
- Kürbisfleisch klein schneiden und beiseitestellen, Zwiebel und Knoblauch schälen und klein schneiden, die Kalbsschulter in 1 cm kleine Würfel schneiden.
- Zwiebel in der erhitzten Butter anrösten, Knoblauch und Fleisch zugeben und 5 Minuten mitrösten, mit der Suppe aufgießen und einmal aufkochen lassen.
- Kürbisstücke zugeben, 15 Minuten leise köcheln lassen, Zitronenschalen und Obers unterrühren, mit Salz, Pfeffer und Muskatnuss würzen.
- Hörnchen im Salzwasser bissfest kochen, abseihen und zur Fleisch-Kürbis-Mischung geben, unterrühren und abschmecken.
- Den Eintopf in den ausgehöhlten Kürbis füllen, (restliche Fülle zum Nachservieren warm stellen) und im vorgeheizten Backofen bei 180 °C mit Kürbisdeckel fertig schmoren, am Ende sollte die Schale weich sein, aber nicht zerfallen (dauert ca. 20 Minuten)!
- Den Kürbis aus dem Ofen nehmen, Deckel abnehmen, den Kürbis mit Basilikumblättern garnieren und mit Deckel servieren.

Herbstliche Pizza

mit Kürbis und Schafkäse

Zutaten für 1 Blech (ca. 37 x 43 cm)

TEIG
200 g Dinkelvollkornmehl
200 g Weizenmehl
50 g Hanfsamen (können auch durch Sesam ersetzt werden)
250 ml lauwarmes Wasser
25 g Hefe
1–2 EL Öl
1 TL Zucker • 1 TL Salz

TOMATENSAUCE
½ Zwiebel
3 EL Öl
600 g Tomatenwürfel (aus der Dose)
1 Lorbeerblatt
1 Knoblauchzehe
Salz und Pfeffer
Oregano

BELAG
300 g Kürbisfleisch (z. B. Pink Jumbo Banana oder Hokkaido
250 g Schafkäse oder beliebiger geriebener Käse
Thymianzweige

Zubereitung (30 Min. ohne Warte- und Garzeit)

- Beide Mehlsorten mit den Hanfsamen vermischen und in eine Schüssel geben, Hefe in lauwarmem Wasser auflösen und zum Mehl geben, Öl, Zucker und Salz hinzufügen und alle Zutaten gut verkneten (wenn der Teig zu fest sein sollte, etwas mehr Wasser dazugeben), an einem warmen Ort 30 Minuten gehen lassen.
- Für die Sauce die Zwiebel fein hacken, das Öl in einem Topf erhitzen und die Zwiebel darin hell anschwitzen.
- Die Tomatenwürfel dazugeben und mit dem Lorbeerblatt ca. 5 Minuten köcheln lassen, dann das Lorbeerblatt entfernen, die Sauce mit fein gehacktem Knoblauch, Salz und Pfeffer würzen und pürieren (wenn die Sauce zu dünnflüssig ist, noch ein wenig einreduzieren lassen).
- Den Teig nochmals durchkneten und auf einem mit Backpapier ausgelegten Blech ausrollen, mit der Tomatensauce bestreichen und mit Oregano bestreuen.
- Das Kürbisfleisch in kleine Würfel schneiden, auf der Pizza verteilen, den Schafkäse darüberbröseln und mit einigen Zweigen Thymian bestreuen.
- Die Pizza im vorgeheizten Backofen bei 220 °C ca. 25 Minuten backen.

Tipp

Als Belag passen zusätzlich Eierschwammerln (Pfifferlinge), andere Pilze oder Wildschinken.

Kürbisroulade

mit Geselchtem

Zutaten für 1 Roulade

BISKUITMASSE
6 Eier • Salz
100 g Butter
2 EL Kürbiskernöl
4 EL Kürbiskerne, fein gerieben
30 g Mehl
4 EL Petersilie, grob geschnitten

FÜLLE
700 g Kürbisfleisch (z. B. Ungarischer Blauer oder Eichelkürbis) geschält und entkernt
1 Zwiebel • 2 Knoblauchzehen
2 EL Olivenöl • 125 ml Gemüsesuppe oder Wasser
2 EL Petersilie, fein geschnitten
300 g Geselchtes, in kleine Würfel geschnitten
Salz und Pfeffer
Kümmel, gemahlen

Zubereitung (45 Min. ohne Back- und Wartezeit)

- Eier trennen, Eiklar mit etwas Salz zu steifem Schnee schlagen, Eidotter, Butter und Kernöl schaumig rühren, Eischnee zur Buttermasse geben, geriebene Kürbiskerne mit dem Mehl vermischen, über den Eischnee streuen und alles vorsichtig vermischen.
- Masse auf ein mit Backpapier ausgelegtes Backblech streichen, im vorgeheizten Backofen bei 200 °C 8 Minuten backen, aus dem Ofen nehmen, mit Petersilie bestreuen, mit einem zweiten Backpapier zudecken, wenden und das mitgebackene Papier abziehen, Roulade mit dem darunter liegenden Papier einrollen, im Kühlschrank vollständig auskühlen lassen.
- Für die Fülle Kürbisfleisch in 1 cm große Würfel schneiden, Zwiebel und Knoblauch schälen und klein schneiden, im erhitzten Öl leicht anschwitzen, Kürbiswürfel zugeben, mit Gemüsesuppe ablöschen, restliche Zutaten zufügen und dünsten, bis der Kürbis bissfest ist, ev. überschüssige Flüssigkeit abgießen, Fülle vollständig auskühlen lassen.
- Das Biskuit mit dem Papier auf einer Arbeitsfläche ausrollen, die Fülle gleichmäßig darauf verteilen und wieder mit Hilfe des Papiers einrollen.
- Die Roulade straff in eine Frischhaltefolie einrollen und einige Stunden im Kühlschrank ziehen lassen, anschließend in gewünschte Portionen schneiden.
- Dazu passt ein Dip aus Sauerrahm und Kräutern oder grüner Salat!

Linsenpfanne
mit Kürbis und bunten Kartoffeln

Zutaten für 4 Portionen

2 Zwiebeln
350 g Kürbis (z. B. Französische Beere oder Muskatkürbis)
2 mittelgroße bunte Kartoffeln (z. B. „Violetta" oder „Rote Emma")
2 Pastinaken
4 EL Olivenöl
400 g gelbe Linsen
2 Knoblauchzehen
1 Stück frischer Ingwer (ca. 3 cm)
ca. 200 ml Wasser
Salz und Pfeffer
2 EL Petersilie, fein gehackt

Zubereitung (ca. 15 Min. ohne Garzeit)

- Die Zwiebeln schälen und kleinwürfelig schneiden, den Kürbis, die bunten Kartoffeln und die Pastinaken ebenfalls schälen und würfeln.
- Das Olivenöl in einer Pfanne erhitzen, zuerst die Zwiebeln darin hellbraun anrösten, dann die Gemüsewürfel und etwas später die in einem Sieb unter fließendem heißem Wasser gut abgespülten Linsen dazugeben, alles kurz durchrösten.
- Den Knoblauch schälen und pressen, den Ingwer schälen und fein reiben oder schneiden und zum Gemüse in die Pfanne geben, kurz umrühren und mit etwas Wasser aufgießen, salzen und pfeffern.
- Zugedeckt ca. 15–20 Minuten weich dünsten, dabei gelegentlich umrühren, dann abschmecken, mit Petersilie bestreuen und servieren.

Tipp

Statt Kürbis kann man auch Süßkartoffeln verwenden.

Gemüsekreisel

auf Mürbteigboden

Zutaten für 1 Tarteform (Ø 26 cm, ca. 8 Stück)

TEIG
200 g Mehl
100 g Butter
1 Ei
1 TL Salz
1–2 EL Wasser
Mehl für die Arbeitsfläche
Butter oder Olivenöl für die Form

GUSS
300 g Crème fraîche
150 g Parmesan, gerieben
100 g würziger Bergkäse, gerieben (z. B. Appenzeller)
1 Knoblauchzehe
1 EL getrocknete Petersilie
1 TL getrockneter Schnittlauch
Salz und Pfeffer
1 Prise Muskatnuss

BELAG
ca. 300 g oranges Kürbisfleisch (z. B. Langer von Neapel oder Butternuss)
2 gelbe Karotten
2 violette Karotten
2 kleine Zucchini

1 EL Olivenöl

Zubereitung (ca. 50 Min. ohne Backzeit)

- Für den Teig das Mehl mit der zimmerwarmen Butter verrühren, das Ei hinzugeben und mit Salz und Wasser zu einem homogenen Teig verkneten, den fertigen Teig zu einer Kugel formen und zugedeckt ca. 30 Minuten im Kühlschrank ruhen lassen.
- Für den Guss Crème fraîche, Käse, zerdrückten Knoblauch, Kräuter und Gewürze gründlich verrühren.
- Für den Belag den gewaschenen, entkernten und geschälten Kürbis in möglichst lange, ca. 3 cm breite, sehr dünne Streifen schneiden (am besten mit einem Gemüseschäler).
- Das übrige Gemüse gründlich waschen und trocken tupfen, Karotten schälen und putzen.
- Karotten und Zucchini der Länge nach ebenfalls mit einem Gemüseschäler in dünne Streifen schneiden.
- Nun alle Gemüsestreifen mit dem Messer so in Form bringen, dass sie gleich breit sind.
- Den Teig auf einer bemehlten Arbeitsfläche etwas größer als die Form rund ausrollen, die befettete Form damit auslegen und den Teig von allen Seiten gut festdrücken.
- Den Guss gleichmäßig auf dem Teigboden verteilen und die Gemüsestreifen von außen nach innen nach Farben geordnet abwechselnd senkrecht einschichten, bis keine Gemüsestreifen mehr übrig bleiben und der Teigboden dicht belegt ist.
- Den fertig belegten Gemüsekuchen im auf 180 °C vorgeheizten Backofen auf unterster Schiene ca. 50 Minuten backen.
- Nach 20 Minuten die Schnittfläche der Gemüsestreifen mit Olivenöl bepinseln (sind die Gemüsestreifen zu dunkel, die Temperatur auf 170 °C reduzieren und den Gemüsekuchen mit Backpapier abdecken).
- Den fertigen Kuchen aus dem Ofen holen, kurz auskühlen lassen, vorsichtig in Stücke schneiden und servieren.

Tipp

Anfallende Gemüseabschnitte können zwischen die geschichteten Gemüsestreifen „geschummelt" werden.

Kürbis-Knoblauch-Spaghetti

Zutaten für 4 Portionen

500 g Spaghetti
400 g Kürbisfleisch (z. B. Blue Ballet oder Muskatkürbis), geschält und entkernt
50 g Kürbiskerne
8 Knoblauchzehen
Olivenöl
Salz und Pfeffer

Zubereitung (20 Min. ohne Garzeit)

- Spaghetti in reichlich Salzwasser bissfest kochen.
- In der Zwischenzeit Kürbisfleisch in Würfel schneiden (oder Kügelchen ausstechen), Kürbiskerne und geschälten Knoblauch fein hacken.
- In einer Pfanne die Kürbiswürfel (bzw. Kügelchen) in etwas erhitztem Öl anschwitzen, Knoblauch und Kürbiskerne dazugeben, unterrühren und mit Salz und Pfeffer würzen.
- Spaghetti abseihen (nicht abschrecken), gut abtropfen lassen und in die Pfanne dazugeben, mit dem Kürbisgemisch (die Kürbiswürfel bzw. -kügelchen sollen knackig sein) gut vermengen, abschmecken und auf vorgewärmten Tellern anrichten.

Tipp

Dazu passt grüner Salat.

Flammkuchen

mit Oliven und Zucchini

Zutaten für 4 Portionen

TEIG
300 g Weizenmehl
250 ml Wasser
1 EL Olivenöl
1 Prise Salz

BELAG
4 EL Sauerrahm (saure Sahne)
ca. 150 g Zucchini
10 Oliven
200 g Schafkäse
Thymianzweige

Zubereitung (ca. 20 Min. ohne Backzeit)

- Für den Teig alle Zutaten vermischen bis ein glatter Teig entsteht, bei Bedarf noch etwas Wasser dazugeben.
- Den Teig auf einem Backpapier ausrollen und mit Sauerrahm bestreichen.
- Zucchini der Länge nach am besten mit einem Sparschäler in Scheiben, dann in Streifen schneiden und den Flammkuchen damit belegen.
- Die Oliven und den Schafkäse klein schneiden und über die Zucchinistreifen streuen, mit Thymianzweigen garnieren.
- Den Flammkuchen im auf 190 °C vorgeheizten Backofen ca. 20 Minuten knusprig backen.

Überbackene gefüllte Kürbisblüten
mit Kernöldip

Zutaten für 4 Portionen

FÜLLE
60 g Goldhirse • 150 ml Wasser • ½ TL Salz • 1 rote Paprikaschote • 200 g Ölkürbis (oder Zucchini oder Gelber Zentner)
1 mittlerer Zwiebel • 1 EL Olivenöl • 200 g Faschiertes vom Schwein • einige Zweige Thymian und etwas Petersilie, fein gehackt
Salz und Pfeffer

16 große Kürbisblüten
Olivenöl für die Auflaufform
Parmesan zum Überbacken

DIP
250 ml Sauerrahm • 2–3 EL Steirisches Kürbiskernöl g.g.A. • Salz und Pfeffer nach Belieben

Zubereitung (35 Min. ohne Warte- und Garzeit)

- Für die Fülle Goldhirse im siedenden Salzwasser weich dämpfen, anschließend abkühlen lassen, Paprikaschote von Kernen und weißen Adern befreien, Fruchtfleisch ebenso wie den Kürbis (Ölkürbis und Zucchini mit Schale und Kernen, Gelber Zentner geschält und entkernt) und die geschälte Zwiebel in sehr kleine Würfel schneiden.
- Zwiebel im erhitzten Öl anschwitzen, das Fleisch zugeben und ein paar Minuten rösten, Paprika- und Kürbiswürfel zugeben, ca. 1 Minute weiter anrösten, mit Thymian, Petersilie, Salz und Pfeffer abschmecken, zum Abkühlen beiseitestelllen, dann mit der gekochten Hirse vermengen, bei Bedarf nachwürzen.
- Die Masse vorsichtig in die Blüten füllen, die Blütenenden zusammendrehen und in die mit Olivenöl ausgepinselte Auflaufform geben, etwas Parmesan über die gefüllten Blüten streuen und im auf 220 °C Umluft vorgeheizten Backofen ca. 5 Minuten überbacken, bis der Käse eine mittlere Braunfärbung bekommt.
- Für den Dip die Zutaten gut vermengen und zu den überbackenen Blüten reichen.

Tipp
Als Beilage eignen sich weich gekochte Kartoffeln oder grüner Salat.

Gebratener Bachsaibling

auf Ingwer-Honig-Kürbis

Zutaten für 4 Portionen

4 Bachsaiblingsfilets à 180 g*
Salz und Pfeffer
etwas Zitronensaft
600 g Kürbisfleisch (z. B. Französische Beere oder Butternuss), geschält und entkernt
4 Knoblauchzehen
*100 g Ingwer, geschält**
4 EL Butter
2 EL Honig
grobes Meersalz

Zubereitung (30 Min. ohne Garzeit)

- Saiblingsfilets waschen und trocken tupfen, mit Salz, Pfeffer und Zitronensaft würzen.
- Das Kürbisfleisch in ½ cm dicke Scheiben schneiden, Knoblauch schälen und wie den Ingwer in dünne Blättchen schneiden.
- 2 EL Butter in einer Pfanne schmelzen, Kürbisscheiben einlegen und langsam anbraten, wenden, mit Knoblauch und Ingwer bestreuen und fertig braten.
- Den Honig in dünnem Strahl darüber verteilen und die Kürbisscheiben warm stellen.
- Die restliche Butter in einer Pfanne schmelzen, Saiblingsfilets mit der Hautseite nach unten einlegen und 10 Minuten auf den Punkt fertig braten (sollen innen leicht glasig sein).
- Den Fisch auf vorgewärmten Tellern anrichten, mit der Bratbutter beträufeln, Kürbis mit Meersalz bestreuen und mit dem Fisch servieren.

*** Statt Bachsaibling kann man beliebige andere Fischfilets verwenden. Geschälte Ingwerwurzeln kann man auch gut einfrieren, die gefrorenen Wurzeln lassen sich besonders fein reiben.**

Kürbis-Gemüse-Potpourri

mit geräuchertem Tofu

Zutaten für 4 Portionen

ca. 1 kg Hokkaido
2 EL Olivenöl
½ TL Kreuzkümmel, gemahlen
600 g Mangoldblätter
etwas Natron
500 g Kartoffeln
2 EL Olivenöl
400 g Kastanien, gekocht und geschält
2 Knoblauchzehen
etwas Rosmarin und Thymian
2 EL Olivenöl
400 g geräucherter Tofu
Salz und Pfeffer

helle oder dunkle Sojasauce

Zubereitung (45 Min. ohne Garzeit)

- Kürbis waschen, abtrocknen und halbieren, Kerne entfernen und Fruchtfleisch (ungeschält) in gleichmäßige Spalten schneiden, ein Backblech mit Backpapier auslegen und mit etwas Olivenöl einpinseln.
- Kürbisspalten mit etwas Kreuzkümmel rundum würzen und darauflegen, im vorgeheizten Backofen bei 180 °C ca. 20 Minuten braten (die Kürbisspalten sollten noch die Form behalten und nicht zu weich werden).
- Mangoldblätter waschen, in kochendem Natronwasser blanchieren, abseihen und in Eiswasser abschrecken, abseihen und abtropfen lassen.
- Kartoffeln waschen, abtrocknen und in dünne Spalten schneiden, Olivenöl in einer Pfanne erwärmen, Kartoffelspalten dazugeben und bei mittlerer Hitze rundum goldbraun braten, kurz bevor die Kartoffeln gar sind, die Kastanien dazugeben und mitbraten.
- Klein geschnittenen Knoblauch, Rosmarin und Thymian dazugeben.
- In einer anderen Pfanne 2 EL Olivenöl erwärmen, den Tofu in beliebige Stücke schneiden, in die Pfanne geben und rundum leicht anbraten, aus der Pfanne nehmen und warm stellen, in derselben Pfanne den Mangold erhitzen und mit Salz und Pfeffer würzen.
- Die Kürbisspalten aus dem Ofen nehmen, Kürbis und Kartoffeln leicht mit Salz und Pfeffer würzen.
- Das Gemüse mit dem Tofu auf Tellern anrichten und mit heller oder dunkler Sojasauce sofort servieren.

Reis-Kürbis-Pfanne

Zutaten für 4 Portionen

100 g Wildreis-Mischung (oder 50 g echter Wildreis, 50 g Langkornreis)*
300 ml Gemüsesuppe
1 Kürbis (ca. 800 g, Ungarischer Blauer oder Hokkaido)
1 Zwiebel
1 kleine Chilischote
3 EL Öl
1 EL Butter
1 TL Kurkuma
etwas Nelkenpulver
Salz
1 Handvoll Korianderblätter

Zubereitung (25 Min. ohne Garzeit)

- Den Reis waschen und in einem Sieb abtropfen lassen, die Gemüsesuppe in einer Kasserolle zum Kochen bringen, Wildreis-Mischung zugeben, umrühren und mit geschlossenem Deckel ca. 20 Minuten bei geringer Hitze köcheln lassen, wenn die Flüssigkeit früher verdunstet ist, nochmals etwas Suppe zugießen.
- Kürbis halbieren, schälen (beim Hokkaido ist das nicht nötig), die Kerne entfernen, Kürbisfleisch in 1 cm große Würfel schneiden.
- Zwiebel schälen und in kleine Würfel schneiden, Chilischote von Adern und weißen Kernen befreien und fein schneiden.
- Öl und Butter in einer Pfanne erhitzen, Kürbiswürfel hinzugeben und kurz durchschwenken, Zwiebel und Chilischote dazugeben und umrühren, dann mit Kurkuma und Nelkenpulver würzen und wieder durchschwenken.
- Den gekochten Reis dazugeben, alles gut vermischen, salzen und abschmecken, mit Korianderblättern garniert servieren.

*** Es gibt echten und kultivierten Wildreis. In den abgepackten Wildreis-Mischungen ist meist kultivierter Wildreis enthalten. Echter Wildreis kann unter Umständen länger zum Garen brauchen (bis zu 40 Minuten!). Falls Sie daher echten Wildreis verwenden, sollten sie diesen und den Langkornreis getrennt kochen und erst danach zusammenmischen.**

Karpfen-Gemüse-Risotto

Zutaten für 4 Portionen

400 g Karpfenfilet
Salz und Pfeffer
200 g Kürbisfleisch (z. B. Langer von Neapel oder Trompetenkürbis), geschält und entkernt
200 g gemischtes Gemüse (z. B. Karotte, Schwarzwurzel, Sellerie …)
600 g Gemüsesuppe
1 Zwiebel
1 Knoblauchzehe
3 EL Olivenöl
150 g Risottoreis (z. B. Arborio)
2 Lorbeerblätter
100 ml Weißwein
1 EL Butter
50 g Hartkäse, gerieben
1 EL Petersilie, grob geschnitten

Zubereitung (40 Min.)

- Entgrätetes Karpfenfilet in 1 cm kleine Würfel schneiden, mit Salz und Pfeffer würzen und beiseitestellen, Kürbisfleisch in kleine Würfel schneiden, Gemüse schälen und ebenfalls kleinwürfelig schneiden.
- Gemüsesuppe in einem Topf erhitzen, Zwiebel und Knoblauch schälen und klein schneiden.
- 2 EL Olivenöl in einer Kasserolle erhitzen, Zwiebel und Knoblauch darin glasig dünsten, Reis und Lorbeerblätter zugeben, vermischen und kurz mitdünsten, mit Weißwein ablöschen und vollständig einkochen lassen.
- So viel von der heißen Gemüsesuppe zugießen, dass der Reis gerade bedeckt ist, offen bei schwacher Hitze unter häufigem Rühren garen.
- Sobald der Reis die Flüssigkeit beinahe aufgesogen hat, immer wieder etwas heiße Suppe zugießen, nach ca. 12 Minuten das kleinwürfelig geschnittene Gemüse zugeben, untermischen und knackig mitgaren.
- Lorbeerblätter entfernen, Butter und Hartkäse unterrühren, mit Salz und Pfeffer würzen und abschmecken.
- In einer Pfanne das restliche Olivenöl erhitzen, Karpfenstücke darin rasch auf allen Seiten anbraten und beiseitestellen.
- Gemüse-Risotto auf vorgewärmten Tellern anrichten, die Karpfenwürfel darauf verteilen und mit Petersilie bestreut servieren.

Gebratene Mini-Patissons

mit Entenbrust

Zutaten für 4 Portionen

4 Entenbrustfilets à ca. 140 g
Salz und Pfeffer
Öl zum Braten
4 Zweige Zitronenthymian
600 g gelbe Mini-Patissons
1 Zwiebel
2 Knoblauchzehen
1 EL Olivenöl
1 EL Butter

Zubereitung (ca. 45 Min. ohne Back- und Bratzeit)

- Die Entenbrustfilets waschen, abtrocknen und das Fett mit einem scharfen Messer kreuzweise bis zum Fleisch einschneiden, die Fettseite mit Salz und Pfeffer würzen.
- Etwas Öl in einer Pfanne erhitzen, die Filets mit der Fettseite nach unten einlegen, anbraten und danach wenden.
- Je einen Thymianzweig darauflegen und im vorgeheizten Backofen bei 160 °C 15–20 Minuten rosa fertig braten.
- Die Patissons waschen, putzen und halbieren, Zwiebel und Knoblauch schälen und klein schneiden.
- Olivenöl und Butter in einer Pfanne erhitzen, Patissons zugeben und schwenken, einige Minuten bei starker Hitze braten.
- Zwiebel und Knoblauch untermischen und mit Salz und Pfeffer würzen, bei mittlerer Hitze einige Minuten fertig braten, abschmecken.
- Das Fleisch aus dem Ofen nehmen und 5 Minuten rasten lassen, danach in Scheiben aufschneiden und mit den Patissons und etwas Bratensaft auf vorgewärmten Tellern anrichten.

Hirsetopf

mit Kürbis und Gemüse

Zutaten für 4 Portionen

½ Bund beliebige frische Kräuter (z. B. Estragon, Dille, Petersilie und Thymian)
3 Knoblauchzehen
2 Schalotten
200 g festkochendes, orangefarbenes Kürbisfleisch (z. B. Blue Ballet oder Butternuss), geschält und entkernt
1 Karotte
1 Gelbe Rübe
200 g Zucchini
200 g Brokkoli
200 g Hirse
50 g Butter
500 ml Rindsuppe
Salz und Pfeffer
3 EL Obers (Sahne)

Kräuter zum Bestreuen

Zubereitung (ca. 50 Min. ohne Garzeit)

- Die Kräuter waschen, trocken tupfen und fein hacken, den Knoblauch schälen und in feine Scheibchen schneiden, die Schalotten schälen und fein hacken.
- Das Kürbisfleisch in Würfel schneiden, die Karotte und die Gelbe Rübe schälen, waschen und in kleine Stücke schneiden, Zucchini putzen, waschen, halbieren und in nicht zu dünne Scheiben schneiden, Brokkoli putzen, waschen und in Röschen teilen.
- Brokkoli, Kürbiswürfel, gelbe Rübe und Karotte in Salzwasser nicht zu weich blanchieren, abschrecken und in einem Sieb abtropfen lassen.
- Zucchinischeiben in 20 g Butter mit etwas Salz nicht zu weich dünsten.
- 30 g Butter erhitzen und darin die Hirse, die Schalotten und den Knoblauch kurz anrösten, das Gemüse beifügen und mit der Suppe aufgießen, alles weich dünsten und mit Salz und Pfeffer würzen, die Kräuter und das Obers beifügen und vor dem Servieren mit Kräutern bestreuen.

Pochierter Butterfisch

mit Kürbispüree und Safransauce

Zutaten für 4 Portionen

1 Zwiebel
100 g Karotten
150 g Lauch (nur der weiße Teil)
1,5 l Wasser
125 ml Weißwein
½ Bio-Zitrone, in dünne Scheiben geschnitten
Salz und Pfeffer
1 Lorbeerblatt
8 Butterfischfilets à ca. 80 g

KÜRBISPÜREE
500 g Kürbisfleisch (z. B. Spargelkürbis oder Gelber Zentner), geschält und entkernt
100 g Knollensellerie
Salz und Pfeffer
Kümmel, gemahlen
1 EL Butter

SAFRANSAUCE
100 ml Obers (Sahne)
1 EL Crème fraîche
½ TL Safranfäden
Salz
1 TL kalte Butter

Zubereitung (50 Min. ohne Garzeit)

- Zwiebel und Karotten schälen, Lauch waschen und putzen, Gemüse in kleine Stücke schneiden, mit Wasser, Weißwein, Zitronenscheiben, Salz und Pfeffer sowie Lorbeerblatt in einen Bräter geben und aufkochen lassen.
- Die Fischfilets in den Sud legen, den Bräter zudecken und die Filets 8–10 Minuten glasig ziehen lassen (nicht kochen!).
- Für das Püree das Kürbisfleisch klein schneiden, Sellerie schälen und klein schneiden, in einen Topf geben, mit Wasser bedecken und mit Salz, Pfeffer und Kümmel würzen.
- Das Gemüse weich kochen, danach mit dem Stabmixer pürieren, die Butter einrühren und abschmecken.
- Für die Sauce alle Zutaten außer der Butter in eine Kasserolle geben und 5 Minuten leise köcheln lassen, mit einem Schneebesen öfters umrühren, die kalte Butter einrühren und abschmecken.
- Die Fischfilets aus dem Sud* heben und abtropfen lassen, mit dem Kürbispüree und der Safransauce auf vorgewärmten Tellern anrichten.

*** Den Sud abseihen, auskühlen lassen und für eine spätere Verwendung (Suppe, Sauce …) tiefkühlen.**

Kürbisauflauf

Zutaten für 6 Portionen

1 kg Kürbisfleisch (z. B. Festival- oder Muskatkürbis), geschält und entkernt
2 große Zwiebeln
5 Tomaten
etwas Weizenmehl
3 EL Öl
3 EL Butter
1 TL Zucker
2 rohe Bratwürste
Salz und Pfeffer
½ TL Kümmel, gemahlen
Thymian

2 EL Semmelbrösel
80 g Emmentaler, gerieben
Butterflocken zum Belegen

Öl für die Form

Zubereitung (ca. 50 Min. ohne Garzeit)

- Kürbisfleisch in dickere Scheiben schneiden und etwas salzen, Zwiebeln schälen und in Ringe schneiden, Tomaten kurz in kochendes Wasser tauchen, abschrecken, häuten und in Scheiben schneiden.
- Kürbisfleisch in Mehl wenden, 2 EL Öl und 2 EL Butter in einer Pfanne erhitzen und die Kürbisscheiben auf beiden Seiten anbraten, danach auf Küchenpapier abtropfen lassen, die Zwiebelringe in 1 EL Butter und 1 EL Öl mit dem Zucker hellbraun rösten.
- Aus den rohen Bratwürsten die Fülle herausdrücken und zu den Zwiebelringen geben, zuletzt die Tomatenscheiben beifügen und bei guter Hitze dünsten lassen, mit Salz, Pfeffer, Kümmel und Thymian würzen.
- Eine Auflaufform mit Öl ausstreichen und eine Lage Kürbisscheiben in die Form geben, mit dem Wurst-Zwiebel-Tomatengemisch bedecken und so fortfahren, bis alle Zutaten aufgebraucht sind, Kürbisscheiben sollen die die letzte Lage sein.
- Mit Semmelbröseln und geriebenem Käse bestreuen und mit Butterflocken belegen, im auf 190 °C vorgeheizten Backofen ca. 40–50 Minuten garen.

Tipp

Statt Bratwürsten kann man auch ca. 200 g Faschiertes nehmen, dieses etwas mehr würzen.

Gefüllte gelbe Zucchini

Zutaten für 2 Portionen als Hauptspeise

2 mittelgroße, gelbe Zucchini
2 Becher Ricotta
reichlich geriebener Parmesan
Basilikum oder andere frische Kräuter
Salz und Pfeffer
1 Ei

Zubereitung (ca. 15 Min. ohne Garzeit)

- Zucchini längs halbieren, aushöhlen* und kurz in Salzwasser blanchieren (die Zucchini sollten noch bissfest sein).
- Ricotta mit Parmesan, fein gehackten Kräutern, Gewürzen und Ei verrühren, reichlich davon in die blanchierten Zucchini füllen.
- Die Zucchinihälften in eine leicht befettete Auflaufform setzen und bei 200 °C backen, bis die Fülle schön gebräunt ist.

*** Das Innere der Zucchini kann ebenfalls unter die Ricottamasse für die Fülle gemischt werden.**

Tipp

Junge Zucchini müssen vor dem Backen nicht blanchiert werden.

Butternuss-Tagliatelle
mit Pesto aus Karottengrün und Estragon

Zutaten

PESTO
(ca. 4 Gläschen à 150 ml)
50 g Kürbiskerne
80 g zartes Karottengrün
15 g Estragonblättchen
80 g Parmesan
½ TL Salz
200 ml kaltgepresstes Rapsöl

BUTTERNUSS-TAGLIATELLE
(4 Portionen als Vorspeise)
ca. 1 kg Butternuss
Saft von ½ Zitrone
40 ml Olivenöl
Salz und Pfeffer

ca. 150 ml Karottengrün-Pesto
etwas Rapsöl

4 EL geröstete Kürbiskerne

Zubereitung (40 Min. ohne Backzeit)

- Für das Pesto die Kürbiskerne trocken in einer Pfanne rösten, bis sie zu platzen und duften beginnen, abkühlen lassen.
- Karottengrün und Estragon vorsichtig waschen, trocken tupfen.
- Parmesan in Würfel schneiden und mit den Kürbiskernen in einer Küchenmaschine zu groben Bröseln hacken, Karottengrün, Estragon, Salz und Öl zugeben und zu einer feinen Paste pürieren, in sterile Gläschen füllen und mit einer Ölschicht abdichten.
- Für die Tagliatelle den Kürbis der Länge nach in Achtel schneiden, entkernen, schälen und mit einem Sparschäler möglichst lange, breite „Tagliatelle" von den Kürbisspalten hobeln, diese mit den übrigen Zutaten vermischen, auf 2 mit Backpapier belegten Blechen locker verteilen und etwa 10 Minuten im auf 180 °C Umluft vorgeheizten Backofen garen, bis die „Tagliatelle" bissfest sind.
- Das Pesto mit etwas Rapsöl verrühren, sodass eine dickflüssige Creme entsteht.
- Die Kürbistagliatelle in tiefen Tellern verteilen, mit dem Pesto beträufeln und mit gerösteten Kürbiskernen garnieren.

Tipp

Kürbisreste, die beim Hobeln anfallen, können für Kürbiscremesuppe verwendet werden.

Kürbis-Käsespätzle

Zutaten für 4 Portionen

400 g Kürbisfleisch (Roter Zentner oder Eichelkürbis)
Gemüsesuppe
Salz und schwarzer Pfeffer aus der Mühle
etwas Muskatnuss, frisch gerieben
450 g Mehl (Dunst)*
2 Eier
2 Zwiebeln
40 g Butter
1 Prise Zucker
230 g Emmentaler, gerieben
80 g würziger Weich- oder Schnittkäse, fein gewürfelt
½ Bund Schnittlauch

*** Für dieses Gericht eignet sich doppelgriffiges Mehl, das auch als „Dunst" bezeichnet wird, am besten (nähere Information siehe S. 51).**

Zubereitung (ca. 45 Min. ohne Garzeiten)

- Das Kürbisfleisch in Würfel schneiden, in der Gemüsesuppe weich kochen, abgießen, die Gemüsesuppe auffangen und beides abkühlen lassen, dann den Kürbis mit 80 ml kalter Suppe pürieren, mit Salz, Pfeffer und Muskat würzen.
- Die Kürbismasse mit dem Mehl und den Eiern zu einem glatten Teig verarbeiten, zugedeckt 10 Minuten ruhen lassen.
- Inzwischen die Zwiebeln schälen und in Ringe schneiden, die Butter in einer Pfanne erhitzen und die Zwiebeln darin bei milder Hitze mit einer kleinen Prise Zucker gleichmäßig bräunen.
- Reichlich Salzwasser zum Kochen bringen, den Spätzleteig portionsweise durch eine Spätzlepresse oder ein Spätzlesieb ins Wasser drücken und die Spätzle jeweils so lange kochen lassen, bis sie nach oben steigen, kurz aufwallen lassen, dann mit dem Schaumlöffel herausheben und lagenweise mit beiden Käsesorten in eine Auflaufform schichten, warm stellen, bis der gesamte Teig verarbeitet ist.
- Die Oberfläche ebenfalls mit Käse bestreuen und die Spätzle 10 Minuten im auf 160 °C vorgeheizten Backofen überbacken.
- Die Spätzle mit den Röstzwiebeln bestreuen und mit frisch geschnittenem Schnittlauch garnieren.

Zucchini-Käse-Roulade

Zutaten für 1 Roulade

30 g Butter • 30 g Mehl
250 ml Milch
Salz und Pfeffer aus der Mühle
60 g Parmesan
5 große Eier

FÜLLE
250 g Zucchini
½ TL Salz
1 kleine Zwiebel (50 g)
1 Knoblauchzehe
100 g Champignons
30 g Butter
2 EL Thymian, gehackt
2 große Eier
2 EL Petersilie, gehackt
20 g flüssige Butter
30 g Parmesan, gerieben

Tipp

Dazu passt Tomatensauce (Rezept siehe S. 62)

Zubereitung (ca. 60 Min. ohne Gar- und Backzeiten)

- Für die Roulade Butter schmelzen, Mehl unterrühren, kurz anrösten, mit Milch aufgießen und unter ständigem Rühren ca. 2 Minuten köcheln lassen, kräftig würzen, mit Parmesan verrühren, überkühlen lassen.
- Eier trennen, Dotter nach und nach in die Käsesauce rühren, Eiklar mit einer Prise Salz steif schlagen und unterheben.
- Diese Masse mit einer Teigkarte gleichmäßig auf ein mit Backpapier ausgelegtes Backblech streichen und im auf 180 °C vorgeheizten Backofen auf mittlerer Schiene ca. 20 Minuten goldbraun backen, dann auf einen Bogen Backpapier stürzen, das mitgebackene Papier vorsichtig ablösen und die gebackene Masse mit dem darunterliegenden Papier der Länge nach locker einrollen, mindestens 20 Minuten auskühlen lassen.
- Für die Fülle Zucchini in kleine Würfel schneiden, salzen und auf Küchenpapier auflegen.
- Zwiebel und Knoblauch schälen, ebenso wie die geputzten Champignons in kleine Würfel schneiden, in zerlassener Butter anrösten, Zucchini zugeben, mit Thymian würzen und etwa 10 Minuten bei großer Hitze weiterrösten, dann auskühlen lassen, Eier in einer großen Schüssel sehr schaumig schlagen und mit der Zucchinimasse und der Petersilie vermischen.
- Die ausgekühlte Roulade ausrollen, die Fülle gleichmäßig darauf verteilen und mithilfe des Papiers wieder eng der Länge nach einrollen, mit dem Backpapier auf ein Backblech heben, mit flüssiger Butter bestreichen und mit Parmesan bestreuen.
- Im vorgeheizten Backofen bei 180 °C ca. 30 Minuten backen.

Gebratene Rehmedaillons

mit Kürbisgemüse und Kartoffelnudeln

Zutaten für 2 Portionen

REHMEDAILLONS
360 g Rehrückenfilets (ausgelöst)
Pfeffer aus der Mühle
1 EL Thymian
8 Scheiben Speck
etwas Öl zum Braten
2 Zweige Rosmarin zur Garnitur

KÜRBISGEMÜSE
400 g Muskatkürbis oder Hubbard, geschält und entkernt
5 cl Obers (Sahne)
5 cl Crème fraîche
Salz
ca. 1 EL Kürbiskernöl

KARTOFFELNUDELN
250 g mehlige Kartoffeln, gekocht
3 EL Mehl
2 Eidotter (Eigelb)
Salz und Pfeffer aus der Mühle
Muskatnuss, frisch gerieben

etwas Mehl für die Arbeitsfläche
ca. 500 ml Öl zum Ausbacken

Zubereitung (40 Min. ohne Garzeit)

- Die Rehrückenfilets in ca. 3 cm dicke Medaillons schneiden, mit Pfeffer und Thymian würzen und in den Speck einwickeln, in erhitztem Öl auf beiden Seiten ca. 5 Minuten scharf anbraten, dann die Temperatur etwas zurückschalten und fertig braten.
- Das Kürbisfleisch in 5 mm breite und 5 cm lange Stifte schneiden, Obers und Crème fraîche aufkochen, Kürbis dazugeben und bei niedriger Temperatur etwa 3 Minuten zugedeckt köcheln lassen, mit Salz abschmecken und zum Schluss das Kürbiskernöl dazugeben.
- Für die Nudeln die gekochten, noch heißen Kartoffeln schälen, reiben, Mehl, Eidotter und Gewürze dazugeben, alles möglichst rasch verkneten.
- Etwas Mehl auf die Arbeitsfläche streuen, den Teig in gleich große Stücke schneiden, diese zu Nudeln formen (vorne und hinten leicht zuspitzen) und in heißem Öl ausbacken.
- Die Rehmedaillons mit dem Kürbisgemüse und den Kartoffelnudeln auf vorgewärmten Tellern anrichten.

Tipp

Der Kartoffelteig muss möglichst rasch verarbeitet werden, da er sonst zäh werden kann.

Herbstliche Gemüsequiche

Zutaten für 1 Form (ca. 24 cm Ø)

TEIG
280 g Mehl
140 g kalte Butter
etwas Salz
110 ml Wasser

BELAG
1 Zwiebel
Öl zum Anbraten
250 ml Sauerrahm (saure Sahne)
1 Ei
50 g Hartkäse, gerieben
Salz und Pfeffer
ca. 300 g Kürbis (z. B. Langer von Neapel oder Muskatkürbis)
½ Zwiebel
1 Jungzwiebel (nur das Grün)
3 Kirschtomaten

Zubereitung (ca. 45 Min. ohne Backzeit)

- Für den Teig das Mehl in eine Schüssel geben, die kalte Butter in Flocken darauf verteilen und mit einer Prise Salz und dem Wasser verkneten.
- Sobald ein glatter Teig entstanden ist, diesen ausrollen und in eine mit Backpapier ausgelegte Quiche- oder Tarteform legen, die Ränder hochziehen und festdrücken.
- Für den Belag die Zwiebel klein schneiden und in etwas Öl anschwitzen, Sauerrahm, Ei und geriebenen Käse dazugeben, gut verrühren und mit Salz und Pfeffer würzen, die Sauerrahm-Ei-Masse auf dem Teig verteilen.
- Kürbis schälen und in Stücke schneiden, Zwiebel in Scheiben schneiden, Jungzwiebelgrün in Röllchen schneiden und alles auf der Sauerrahm-Ei-Masse in der Form verteilen, die Kirschtomaten in die Mitte setzen.
- Die Quiche im auf 200 °C vorgeheizten Backofen ca. 25 Minuten backen.

Tipp

Man kann auch zuerst das Gemüse auf dem Teig verteilen und die Sauerrahmmasse darübergießen.

Zucchini-Gemüseauflauf

Zutaten für 4 Portionen

200 g Zucchini
1 gelbe Paprikaschote
250 g Kirschtomaten
2 Stück Chicorée
2 kleine Fenchelknollen
2 EL Butter
1 EL Mehl
100 ml Milch
Chilisalz und Pfeffer
1/2 Vanilleschote
Muskatnuss, gerieben
8 Scheiben Rohschinken
100 g Pinienkerne, gehackt
100 g Parmesan, gerieben
1 TL Rosmarinnadeln

4 kleine Auflaufformen
Butter für die Formen

Tipp

Mit verschiedenen saisonalen Gemüsesorten kann man diesen Auflauf das ganze Jahr über zubereiten.

Zubereitung (35 Min. ohne Garzeit)

- Das Gemüse waschen, Zucchini in Scheiben schneiden, Paprikaschote von weißen Adern und Kernen befreien und in Streifen schneiden, Tomaten halbieren.
- Chicorée halbieren, Fenchelknollen in Viertel schneiden, jeweils Strunk entfernen.
- Fenchel in kochendem Salzwasser 5 Minuten garen, anschließend Chicorée, Zucchini und Paprikastreifen dazugeben, ca. 2 Minuten kochen lassen.
- Gemüse aus dem Wasser nehmen (Kochwasser aufheben, auskühlen lassen).
- Butter schmelzen, Mehl dazugeben und unter Rühren hellbraun anschwitzen, mit dem Gemüsekochwasser aufgießen, Milch dazugeben und unter ständigem Rühren aufkochen, dann mit Chilisalz, Pfeffer, ausgekratztem Vanillemark und Muskatnuss abschmecken.
- Vier Auflaufförmchen mit jeweils einer Scheibe Schinken auslegen und diese jeweils mit zwei Fenchelvierteln, einer Chicoréehälfte, einigen Zucchinischeiben und Paprikastreifen sowie den halbierten Kirschtomaten belegen.
- Jeweils 3 Esslöffel der Sauce und Pinienkerne darüber verteilen, großzügig mit Parmesan bestreuen, die Rosmarinnadeln darauf verteilen und mit einer zweiten Scheibe Schinken bedecken.
- Im vorgeheizten Backofen bei 180 °C 15–20 Minuten überbacken.

Bandnudeln

mit Kürbis

Zutaten für 4 Portionen

500 g Kürbisfleisch (z. B. Blue Ballet oder Festivalkürbis), geschält und entkernt
1 Zwiebel
60 g Rapsöl
2 EL Fenchelgrün, grob geschnitten (oder alternativ auch andere Kräuter nach Belieben)
Salz und Pfeffer
400 g Nudeln (auch bereits gegarte Teigwaren vom Vortag)*

Zubereitung (ca. 30 Min. ohne Garzeit)

- Das Kürbisfleisch in kleine Würfel schneiden oder mit dem Kugelausstecher kleine Kügelchen ausstechen.
- Zwiebel schälen und fein hacken, Öl in einer Kasserolle erhitzen, Zwiebel darin hellbraun anrösten, Kürbiswürfel bzw. -kügelchen dazugeben und dünsten, bis sie weich sind, aber noch Biss haben.
- Fenchelgrün bzw. Kräuter einrühren und mit Salz und Pfeffer würzen, abschmecken und zugedeckt beiseitestellen.
- Nudeln in Salzwasser bissfest kochen, abseihen und mit den Kürbisstücken vermischen, auf vorgewärmten Tellern anrichten und sofort servieren.

*** Bereits gekochte Nudelreste vom Vortag am besten in einem hitzebeständigen Kochtopf mit ein wenig Öl und Wasser zugedeckt im Backofen bei ca. 100 °C aufwärmen.**

Kürbis-Kartoffel-Gulasch

mit Debreziner

Zutaten für 4 Portionen

ca. 400 g Kürbisfleisch (z. B. Butternuss oder Hubbard), geschält und entkernt
3 mehlige Kartoffeln
2 Karotten
1 Zwiebel
1 rote Paprikaschote
3 EL Rapsöl
Salz und Pfeffer
500 ml Gemüsesuppe
250 ml Kokosmilch
2 EL Kurkuma oder Currypulver
1 Paar Debreziner

Zubereitung (30 Min. ohne Garzeit)

- Das Kürbisfleisch in ca. 3 x 3 cm große Würfel schneiden.
- Die Kartoffeln und die Karotten waschen, schälen und in Würfel schneiden.
- Die Zwiebel schälen und fein hacken, die Paprikaschote von weißen Adern und Kernen befreien und klein schneiden.
- Das Öl in einer Pfanne erhitzen, darin die Zwiebel anschwitzen, das Gemüse zugeben und scharf anbraten, würzen und anschließend mit der Gemüsesuppe ablöschen.
- Das Gulasch ca. 20 Minuten köcheln lassen, bis die Gemüsewürfel weich sind, dann Kokosmilch und Kurkuma oder Currypulver hinzufügen und unterrühren.
- Zum Schluss die Debreziner in Scheiben schneiden und dazugeben, noch etwa 5 Minuten leicht köcheln lassen und sofort servieren.

Rehrückenfilet

auf Kernölrisotto mit Muskatkürbis

Zutaten für 4 Portionen

REHRÜCKENFILET
600 g ausgelöstes Filet vom Rehrücken • Butter und Olivenöl zum Braten • 1 Zweig frischer Thymian
5 Wacholderbeeren, angedrückt
2 Knoblauchzehen, angedrückt
2 Gewürznelken
Salz und schwarzer Pfeffer
4 cl Gin • ca. 125 ml Rindsuppe

RISOTTO
50 g Zwiebel • 1 EL Butter
100 g Risottoreis
ca. 900 ml Rindsuppe
50 g Parmesan (z. B. Asmonte)
30 g Steir. Kürbiskernöl g.g.A.

KÜRBIS
300 g Kürbis (z. B. Muskatkürbis)
1 EL Butter
1 Zweig Rosmarin

Zubereitung (60 Min. ohne Garzeit)

- Das Filet in Butter und Olivenöl anbraten, die Gewürze zugeben und im vorgeheizten Backofen bei 90 °C rosa fertig garen (etwa 15–20 Minuten).
- Für den Risotto Zwiebel klein schneiden, in Butter anschwitzen, Risottoreis dazugeben und kurz mitrösten.
- Immer wieder mit etwas Rindsuppe aufgießen und dabei ständig rühren.
- Wenn der Reis fertig gegart, aber noch körnig ist, Parmesan und Kürbiskernöl zugeben (der Risotto sollte cremig sein), mit Salz abschmecken
- Das Fleisch nach etwa 15 Minuten Garzeit aus dem Ofen nehmen und zum Rasten warm stellen, den Bratensatz mit Gin ablöschen, mit etwas Rindsuppe aufgießen, salzen und pfeffern, etwas einreduzieren lassen (bei Bedarf mit Speisestärke binden).
- Kürbis schälen, entkernen, in dünne Spalten schneiden, diese in Butter mit Rosmarin auf beiden Seiten anbraten, bei Bedarf leicht salzen.
- Kürbisspalten mit dem portionierten Rückenfilet auf Tellern anrichten und mit gerösteten Kürbiskernen garnieren.

Herbstliche Gemüseplatte

mit Kürbis und Kastanien

Zutaten für 4 Portionen

400 g Hokkaido
200 g Grünkohl
200 g Brokkoliröschen
200 g Kastanien, geschält und gekocht
2 EL Olivenöl
Salz und Pfeffer
2 EL Butter

400 g Rotkraut (Rotkohl)
1 Zwiebel
1 EL Olivenöl
1 Msp. Gewürznelkenpulver
1 cm Ingwerwurzel, klein geschnitten
Salz und Pfeffer
125 ml Rotwein
1 EL Preiselbeermarmelade
flüssige Butter zum Beträufeln

Zubereitung (60 Min. ohne Koch- und Backzeit)

- Den Kürbis waschen, halbieren, von Kernen befreien, mit der Schale in ca. 1 cm dicke Spalten schneiden, Grünkohl putzen, Stiele von den Blättern entfernen, Kohl in dünne Streifen schneiden, Kohl und Brokkoliröschen getrennt im Salzwasser blanchieren, abseihen und abtropfen lassen.
- Ein Backblech mit Backpapier belegen und mit 1 EL Olivenöl einpinseln, das vorbereitete Gemüse und die Kastanien darauflegen und mit Olivenöl beträufeln, mit Salz und Pfeffer würzen und im vorgeheizten Backofen bei 200 °C auf mittlerer Schiene ca. 25 Minuten fertig garen.
- Das Rotkraut vom Strunk befreien und in 1 cm große Rauten schneiden.
- Zwiebel schälen und fein schneiden, im erhitzten Olivenöl hell anschwitzen, Rotkraut hinzufügen, umrühren und kurz anschwitzen.
- Nelkenpulver und Ingwer dazugeben und mit Salz und Pfeffer würzen, mit Rotwein ablöschen, Preiselbeermarmelade zugeben und umrühren, zum Kochen bringen, zugedeckt ca. 25 Minuten köcheln lassen.
- Das Gemüse aus dem Ofen nehmen, Rotkraut abschmecken und mit dem Gemüse auf einer Platte anrichten, mit Butter beträufeln und servieren.

Überbackene Nudelteigröllchen

mit Kürbisfülle

Zutaten für 4 Portionen

NUDELTEIG
200 g glattes Weizenmehl
50 g Weizengrieß • 2 EL Olivenöl
etwas Salz • 3 Eidotter (Eigelb)
2 EL warmes Wasser
Butter für die Form

KÜRBISFÜLLE
500 g Kürbis (z. B. Muskatkürbis)
2 EL Öl • 1 Schalotte • 2 Knoblauchzehen • 1 EL Honig • 2 EL Balsamicoessig • etwas Salz und Pfeffer • Kümmel, gemahlen
125 ml Obers (Sahne) • 1 EL Petersilie, gehackt

GUSS
1/16 l Obers • 1/16 l Rindsuppe
etwas Chilipulver • 80 g Emmentaler Käse, gerieben • Petersilie zum Bestreuen

Zubereitung (ca. 45 Min. ohne Warte- und Backzeit)

- Zubereitung (ca. 45 Min. ohne Warte- und Backzeit)
- Alle Teigzutaten zu einem glatten Teig verarbeiten, in Klarsichtfolie wickeln und ca. 30 Minuten kalt stellen.
- Für das Gemüse Kürbis schälen, entkernen und grob raspeln, Öl in einer Pfanne erhitzen, die fein gehackte Schalotte und den gepressten Knoblauch darin ohne Farbe anbraten.
- Kürbisraspel zugeben und mitdünsten lassen, Honig zufügen und umrühren, mit Essig ablöschen, mit Salz, Pfeffer und Kümmel würzen.
- Obers beigeben und so lange einkochen lassen, bis eine cremige Masse entsteht, zuletzt die Petersilie unterheben, danach das Gemüse vom Herd nehmen.
- Den Nudelteig auf einer bemehlten Arbeitsfläche ca. 5 mm dünn ausrollen, mit der Kürbismasse bestreichen und von der Breitseite her einrollen, von der so entstandenen Rolle ca. 5 cm dicke Scheiben abschneiden, diese in eine gebutterte, feuerfeste Form legen.
- Obers mit Rindsuppe aufkochen, mit Salz und Chilipulver würzen und über die Schnecken gießen, mit geriebenem Emmentaler Käse bestreuen und im auf 180 °C vorgeheizten Backofen ca. 30 Minuten backen, vor dem Servieren mit Petersilie bestreuen.

Kapitel 3
Mehlspeisen, Kuchen, Torten & Desserts

Nachdem viele Kürbissorten einen leicht süßlichen, nussigen Geschmack aufweisen, können sie auch zu süßen Köstlichkeiten verarbeitet werden – ob als Belag, als Teigzutat oder püriert in einer Creme. Besonders gut geeignet sind Butternuss, Hokkaido, Hubbard, Blue Banana, Pink Jumbo Banana, Eichelkürbis u. v. m. Zucchini werden aufgrund ihres neutralen Geschmacks gerne als Zutat für Kuchenteig verwendet und machen diesen besonders saftig!

Topfenkuchen

mit Kürbispüree

Zutaten für eine Springform (24 cm Durchmesser)

KUCHENBODEN
100 g Kekse, zerbröselt
100 g Haselnüsse, gerieben
50 g weiche Butter

TOPFENMASSE
300 g Kürbisfleisch (Butternuss), geschält und entkernt
1 Prise Salz
etwas Zimtpulver
Mark von ½ Vanilleschote
400 g Topfen (Quark, 20 % F. i. Tr.)
80 g Kristallzucker
60 ml Obers (Sahne)
3 Eier
2 EL Mehl

Zubereitung (60 Min. ohne Backzeit)

- Für den Kuchenboden Keksbrösel, Haselnüsse und Butter in einer geeigneten Schüssel gut vermischen, die Masse in eine Springform drücken und einen 2 cm hohen Rand bilden.
- Das Kürbisfleisch in Würfel schneiden, diese mit Salz, Zimt und Vanillemark in wenig Wasser weich dünsten, das Wasser verdampfen lassen und den Kürbis pürieren, auskühlen lassen.
- Topfen, Kristallzucker und Obers glatt rühren und nach und nach die Eier unterrühren, das ausgekühlte Kürbispüree untermischen und zuletzt das Mehl einarbeiten.
- Die Masse in die vorbereitete Springform füllen, glatt streichen und im auf bei 160 °C Umluft vorgeheizten Backofen ca. 60 Minuten backen.
- Den fertigen Kuchen erkalten lassen, aus der Form nehmen und in Stücke schneiden.

Kürbis-Topfen-Kuchen

mit Vollkornmürbteigboden

Zutaten für eine Springform (24 cm Durchmesser)

MÜRBTEIG
200 g Weizenvollkornmehl
½ P. Backpulver
1 Prise Salz
100 g kalte Butter, klein geschnitten
75 g Braunzucker
1 Ei
Saft und abgeriebene Schale von 1 Bio-Zitrone

KÜRBISMASSE
1 Hokkaido (ca. 800 g)
125 ml Wasser
180 g cremiger Honig
250 g Topfen (Quark, 20 % F. i. Tr.)
3 Eier
1 TL Zimtpulver
2 cm frischer Ingwer, fein gerieben
etwas Gewürznelkenpulver

Puderzucker zum Bestreuen

Zubereitung (40 Min. ohne Warte- und Backzeit)

- Für den Mürbteig alle Zutaten am besten mit der Hand rasch zu einem glatten Teig verkneten, den Teig zu einer Kugel formen und in Frischhaltefolie gewickelt ca. 60 Minuten im Kühlschrank rasten lassen.
- Den Kürbis waschen, halbieren, von Kernen befreien, Kürbisfleisch (ungeschält) in kleine Stücke schneiden und mit dem Wasser weich dünsten, danach fein pürieren und vollständig auskühlen lassen.
- Den Teig auf einer bemehlten Arbeitsfläche dünn ausrollen und in eine beschichtete Springform legen (auch der Rand soll bedeckt sein), den Boden und den Rand gut andrücken.
- Die restlichen Zutaten für die Kürbismasse zum Kürbispüree geben und mit einem Schneebesen gut verrühren, die Masse auf dem Teig verteilen und glatt streichen.
- Den Kuchen im auf 170 °C Umluft vorgeheizten Backofen ca. 60 Minuten backen (Nadelprobe machen!).
- Aus dem Ofen nehmen und etwas abkühlen lassen, danach aus der Form heben, vollständig auskühlen lassen und mit Staubzucker bestreut servieren.

Crème Brûlée

mit Kernöleis und Karamelldatteln

Zutaten für 5 Portionen

STEIRISCHES KERNÖLEIS
1 Vanilleschote
175 ml Milch
2 Eidotter (Eigelb)
65 g Zucker
50 ml Obers (Sahne)
2 EL Steir. Kürbiskernöl g.g.A.

CRÈME BRÛLÉE
130 g Obers
45 g Milch
40 g Eidotter
½TL Speisestärke
15 g Zucker
brauner Zucker zum Bestreuen

KARAMELLDATTELN
15 Datteln
100 g Zucker
125 ml Orangensaft
125 ml Obers

Zubereitung (45 Min. ohne Wartezeit)

- Für das Eis die Vanilleschote der Länge nach halbieren, das Mark auskratzen und für die Crème Brûlée beiseitegeben, die Milch mit der ausgekratzten Vanilleschote aufkochen, die Vanilleschote aus der Milch nehmen.
- Die Eidotter mit dem Zucker verrühren, mit der Milch und dem Obers mischen, auf 72 °C erhitzen und dann erkalten lassen, zum Schluss das Kernöl beigeben.
- Die Masse in einer Eismaschine gefrieren (oder ca. 3 Stunden im Gefrierschrank unter öfterem Umrühren).
- Für die Crème Brûlée das zuvor ausgekratzte Vanillemark mit den Crème-Zutaten (außer dem braunen Zucker) verrühren, durch ein Sieb passieren und in feuerfeste Souffléförmchen füllen, mit Klarsichtfolie abdecken und bei 100–125 °C ca. 40 Minuten in einem Wasserbad pochieren.
- Die Datteln entkernen, Zucker leicht karamellisieren, mit dem Orangensaft ablöschen und mit Obers aufgießen, zu einer dicklichen Konsistenz einkochen lassen (bei größeren Mengen mit Speisestärke leicht binden), die Datteln beigeben und kurz ziehen lassen.
- Die Crème Brûlée abkühlen lassen, mit braunem Zucker bestreuen, wenn vorhanden mit einem Flämmer, sonst bei starker Oberhitze gratinieren.
- Die Datteln mit der Sauce gefällig auf einem Teller mit der Crème Brûlée sowie dem Kernöleis anrichten.

Kürbis-Blechkuchen

Zutaten für 1 Blech (ca. 37 x 45 cm)

400 g Eichelkürbis, Hubbard oder Roter Zentner
150 g Haselnüsse
4 Eier
300 g weiche Butter
300 g Kristallzucker
300 g Dinkelmehl
1 TL Backpulver
1 Prise Salz

Butter und Semmelbrösel (Paniermehl) für das Backblech

GLASUR
Saft von ½ Orange
200 g Staubzucker (Puderzucker)

Zubereitung (20 Min. ohne Back- und Wartezeit)

- Den Kürbis schälen und entkernen, das Fruchtfleisch raspeln, Haselnüsse in einer beschichteten Pfanne rösten und nach dem Abkühlen reiben.
- Eier trennen, Butter mit 200 g Kristallzucker schaumig schlagen, Eidotter (Eigelb) nach und nach zugeben.
- Haselnüsse, Mehl und Backpulver vermischen und unter die Buttermasse rühren, Eiklar (Eiweiß) mit Salz und dem restlichen Kristallzucker zu steifem Schnee schlagen.
- Eischnee und Kürbisraspel abwechselnd unter die Masse heben.
- Ein Backblech mit Butter befetten und mit Semmelbröseln ausstreuen, Masse darauf verteilen und glatt streichen.
- Im vorgeheizten Backofen bei 180 °C Umluft 60 Minuten backen, aus dem Ofen nehmen und mit der glatt verrührten Orangen-Glasur verzieren.

Kürbiskernöl - Hefeknödel

mit Schokoladenfülle und Preiselbeerragout

Zutaten für 8 kleine oder 4 große Hefeknödel

TEIG
250 g Weizenmehl
120 ml Milch
10 g Hefe
10 g Zucker
3 EL Kürbiskernöl
1 Eidotter (Eigelb)
30 g Butter
1 Prise Salz

FÜLLE
8 Stück Konfekt (z. B. Lindor-Schokoladekugeln oder Mozartkugeln …)

PREISELBEERRAGOUT
5 EL Weißwein
50 g Zucker
5 EL Rotwein
5 EL Johannisbeersaft
1 Zimtstange
1 Sternanis
1 Vanilleschote
250 g frische Preiselbeeren

Zubereitung (75 Min. ohne Warte- und Garzeit)

- Mehl in eine Schüssel sieben und eine Mulde formen, die Milch leicht erwärmen, Hefe und Zucker darin auflösen und mit dem Kürbiskernöl in die Mulde gießen, das Dampfl mit etwas Mehl bestauben und an einem warmen Ort 20 Minuten gehen lassen.
- Danach den Eidotter, zerlassene Butter und das Salz zugeben, den Teig gut verkneten und 30 Minuten gehen lassen.
- Für das Preiselbeerragout Weißwein mit Zucker, Rotwein, Johannisbeersaft, etwas Wasser, Zimt, Sternanis und der Vanille zum Kochen bringen, die Hälfte der Preiselbeeren dazugeben und dünsten, bis sie schön weich sind.
- Anschließend Zimt, Sternanis und die Vanilleschote entfernen und mit einem Stabmixer pürieren, in der Sauce die restlichen Preiselbeeren kurz
- aufkochen lassen und dann sofort abkühlen.
- Dann auf einer bemehlten Arbeitsfläche aus dem Teig eine Rolle formen und diese in 8 (oder 4) Stücke teilen, die Teigstücke flach drücken, mit dem Konfekt füllen und zu Knödeln formen.
- Die Knödel auf ein bemehltes Backblech setzen, den Backofen auf ca. 50 °C vorheizen, dann ausschalten und die Knödel im warmen Backofen nochmals ca. 20 Minuten gehen lassen.
- Garen im Kochtopf: Etwa 150 ml Salzwasser aufkochen, 4 kleine (oder 2 große) Knödel nebeneinander in einen Siebeinsatz auf ein Stück Küchenpapier setzen und zugedeckt bei schwacher bis mittlerer Hitze ca. 20 Minuten garen, fertige Knödel herausnehmen und mit einer Nadel einige Male einstechen (dann fallen sie nicht zusammen!), die Knödel auf einem befetteten Backblech warm stellen, restliche Knödel ebenso zubereiten.
- Garen im Dampfgarer: Die Knödel auf ein mit Butter bestrichenes Lochgitter legen und bei 100 °C ca. 15 Minuten dampfen, die fertigen Knödel herausnehmen und mit einer Nadel einige Male einstechen.
- Die fertigen Knödel mit dem Preiselbeerragout anrichten und mit Kürbiskernen bestreuen.

REZEPT UND ANLEITUNGS-VIDEO ZUR ZUBEREITUNG VON KLASSISCHEN „GERMKNÖDELN“ GIBT ES AUF
www.kochenundkueche.com/video

Einfach den abgebildeten QR-Code scannen und ansehen!

Gelbe Zucchiniküchlein

mit Kokos und Kardamom

Zutaten für 6 Stück

125 g weiche Butter
100 g Kristallzucker
3 Eier
90 g Weizenmehl
1 TL Kardamom, gemahlen
1 TL Backpulver
125 g gelbe Zucchini, fein geras-pelt
40 g Kokosraspel

Butter für die feuerfesten Förm-chen

Zubereitung (35 Min. ohne Garzeit)

- Die Butter und den Kristallzucker in einen Rührkessel geben und mit dem Handmixer cremig rühren, die Eier nach und nach beigeben und schaumig schlagen.
- Mehl, Kardamom und Backpulver vermischen, auf die Masse sieben und untermischen, danach geraspelte Zucchini und Kokosraspel unterheben, 6 Förmchen (à ca. 175 ml Inhalt) gut mit Butter einfetten, die Masse gleichmäßig einfüllen.
- Die Förmchen in einen großen Bräter (mit Deckel) stellen, heißes Wasser zugießen, sodass die Förmchen bis zur Hälfte im Wasser stehen, den Deckel auf den Bräter geben.
- Im vorgeheizten Backofen (ganz unten auf dem Boden) bei 160 °C Umluft ca. 30–40 Minuten backen (Kontrolle: die Küchlein sollten auf Fingerdruck elastisch nachgeben).
- Küchlein aus dem Ofen nehmen und aus dem Wasserbad heben, kurz stehen lassen, danach auf Teller stürzen und warm servieren.

Tipp

Dazu passt Vanilleeis oder eine Joghurt-Früchte-Creme.

Eingelegte gelbe Wassermelonen-Kugeln

Zutaten für 2 Rexgläser à 500 ml

500 ml Weißwein
½ Zimtstange, in kleine Stücke gebrochen
4 Gewürznelken
3 cm Ingwer, geschält und in dünne Scheiben geschnitten
Schale von 1 Bio-Zitrone, in Streifen geschnitten
2 kleine Chilischoten
250 ml Honig
1 gelbe Wassermelone (ca. 1,3 kg)*
12 Melissenblätter

*** Auch Melonen zählen zu den Kürbisgewächsen!**

Zubereitung (45 Min. ohne Gar- und Wartezeit)

- Für den Sirup Weißwein, Zimtstange, Nelken, Ingwer, Zitronenschale, Chili und Honig zum Kochen bringen und auf 3/4 der Menge reduzieren.
- Die Melone halbieren, mit einem Kugelausstecher von der Schnittfläche Kugeln ausstechen und in eine Schüssel geben, dann die ausgestochene Fläche abschneiden und weiter ausstechen, bis die gesamte Melone verarbeitet ist (das übrig gebliebene Fruchtfleisch von Kernen befreien und für einen Obstsalat oder Smoothie verwenden).
- Den fertigen Sirup vom Herd nehmen, die Gläser heiß ausspülen, Melonenkugeln und Melissenblätter darin verteilen und mit dem heißen Sirup (mit den Gewürzen) übergießen, sodass die Kügelchen bedeckt sind.
- Die Gläser gut verschließen und über Nacht auskühlen lassen.

Tipp

Kühl gelagert halten die eingelegten Melonenkugeln einige Wochen.

Schokoladen-Kürbis-Kuchen

Zutaten für 1 Backblech (ca. 37 x 45 cm)

150 g Kürbis (z. B. Blue Banana, Hokkaido od. auch Zucchini)
120 ml Öl
250 g dunkle Kuvertüre oder Kochschokolade
4 Eier
90 g Rohrohrzucker
1 P. Vanillezucker
140 g Vollkornmehl (oder auch Weißmehl)
1 TL Backpulver
100 g Mandeln, fein gerieben

Zubereitung (ca. 45 Min. ohne Backzeit)

- Den Kürbis schälen (bei Hokkaido und Zucchini nicht nötig), von Kernen befreien und in kleine Würfel schneiden.
- Die Kürbiswürfel in ca. 1 EL vom Öl anschwitzen, mit ca. 50 ml Wasser aufgießen und darin weich dämpfen, anschließend pürieren.
- Die Schokolade in Stücke brechen und über einem Wasserbad schmelzen.
- Die Eier, den Rohrohrzucker und den Vanillezucker schaumig schlagen, danach langsam das restliche Öl, den zerdrückten Kürbis und die geschmolzene Schokolade einrühren.
- Das Mehl mit dem Backpulver versieben und unterheben, die Mandeln ebenfalls unterheben.
- Ein Backblech mit Backpapier auslegen, die Masse darauf verteilen und glatt streichen, im vorgeheizten Backofen bei 170 °C ca. 25 Minuten backen.
- Den Kuchen etwas auskühlen lassen und anschließend in Stücke schneiden.

Kürbistorte nach Linzer Art

Zutaten für 1 Springform (Ø 26 cm)

MÜRBTEIG
400 g Weizenmehl
150 g Mandeln, gerieben
300 g Butter
150 g Zucker
2 Eier
1 Prise Salz
½ P. Backpulver

Butter für die Form

ca. 150 g Kürbismarmelade zum Bestreichen
Mandelblättchen zum Bestreuen

Kürbismarmelade
Zutaten für ca. 4 Gläser à 250 ml

650 g Kürbis (z. B. Hokkaido)
300 g Gelierzucker 1:2
Saft von 1 Zitrone
40 ml Weißwein
80 ml Orangensaft
1 Zimtstange

Zubereitung (ca. 40 Min. ohne Warte- und Backzeit)

- Für die Marmelade den Kürbis waschen, in kleine Stücke schneiden und mit den restlichen Zutaten ca. 5 Stunden ziehen lassen, danach so lange kochen lassen, bis die Kürbisstücke weich sind, Zimtstange entfernen und die Marmelade falls gewünscht pürieren, in sterilisierte Gläser abfüllen und kühl lagern.
- Für den Mürbteig alle Zutaten rasch verkneten, den Teig ca. 30 Minuten kühl stellen, dann 2/3 des Teiges ausrollen, in die befettete Springform geben und mit Kürbismarmelade bestreichen.
- Den restlichen Teig ebenfalls ausrollen, mit einem Teigrädchen gezackte Streifen ausrollen und ein Gitter über den Kuchen legen, mit Mandelblättchen bestreuen und bei 175 °C Heißluft ca. 45 Minuten backen.

Kürbiskernterrine

Zutaten für 2 kleine Terrinenformen

KÜRBISKERNKROKANT
50 g Kürbiskerne
50 g Kristallzucker

KERNÖL-HONIG-FÜLLE
5 EL Kürbiskernöl
50 g Kürbiskerne, geröstet und gerieben
1 EL Honig

JOGHURT-TOPFENMASSE
250 g Obers (Sahne)
150 g Honig
250 g Topfen (Quark, 20 % F. i. Tr.)
250 g Joghurt
6 Blatt Gelatine
5 EL Kürbiskernöl

Zubereitung (60 Min. ohne Wartezeit)

- Für den Krokant Kürbiskerne trocken rösten, Kristallzucker karamellisieren und die heißen Kürbiskerne dazugeben, auf einem Backpapier verteilen, auskühlen lassen, anschließend reiben oder hacken.
- Für die Fülle Kürbiskernöl mit gerösteten, geriebenen Kürbiskernen und Honig vermengen.
- Für die Joghurt-Topfenmasse Obers steif schlagen, Honig, Topfen und Joghurt verrühren, Gelatine in kaltem Wasser einweichen, ausdrücken, in etwas heißem Wasser auflösen und unterrühren, Schlagobers unterheben.
- Joghurt-Topfen-Masse halbieren und unter die eine Hälfte den Kürbiskernkrokant rühren.
- Terrinenformen mit Frischhaltefolie auskleiden und bis zur Hälfte die Masse mit dem Kürbiskernkrokant einfüllen, glatt streichen und 10 Minuten einfrieren.
- Danach die Kernöl-Honig-Fülle aufstreichen, die zweite Hälfte der Joghurt-Topfen-Masse mit 5 Esslöffeln Kürbiskernöl färben und auf der Kernöl-Honig-Fülle verteilen, zum Festwerden einige Stunden kalt stellen, danach portionieren und anrichten.

Kürbis-Pistazien-Creme

Zutaten für 4 Portionen

500 g Kürbis (z. B. Eichelkürbis, Hubbard oder Gelber Zentner)
200 ml Obers (Sahne)
100 ml Wasser
100 g Honig
etwas Kardamom- und Ingwerpulver
Saft von ½ Orange
100 g Pistazien, gemahlen
2 cl Orangenlikör

Pistazien zum Garnieren

Zubereitung (20 Min. ohne Wartezeit)

- Kürbis schälen, Kerne entfernen, Fruchtfleisch in kleine Würfel schneiden.
- Obers und Wasser in einen geeigneten Topf geben, Kürbis, Honig, Gewürze und Orangensaft zugeben und bei nicht zu starker Hitze zum Kochen bringen.
- Wenn die Flüssigkeit fast verkocht und der Kürbis weich ist, mit dem Pürierstab fein pürieren.
- Gemahlene Pistazien und den Orangenlikör untermischen, leicht auskühlen lassen und dann in Schalen oder Gläser abfüllen, etwa 30 Minuten kalt stellen.
- Vor dem Servieren mit den grob gehackten Pistazien bestreuen.

Weißes Zimteis

mit Kürbiskern-Karamellcrackern

Zutaten für 6 Portionen

ZIMTEIS
250 ml Milch
250 ml Obers (Sahne)
100 g Zucker
1 kleine Zimtstange
2 Eier
2 Eidotter (Eigelb)
Silikonförmchen

CRACKER
30 ml Obers (Sahne)
60 g Butter
100 g Staubzucker (Puderzucker)
100 g Kürbiskerne natur, gerieben

GARNITUR
50 g Kürbiskernölkaviar „Caviaroli"
Steirisches Kürbiskernöl g.g.A.
frische Melisse

Zubereitung (50 Min. ohne Wartezeit)

- Für das Eis Milch mit Obers, Zucker und der Zimtstange aufkochen, vom Herd nehmen und 10 Minuten ziehen lassen, Zimtstange anschließend entfernen. Eier und Eidotter mit einem Schneebesen in einer Schüssel verrühren und die heiße Milchmischung unter ständigem Rühren zufügen, diese Masse über Wasserdampf unter ständigem Rühren 10–15 Minuten auf 70–75 °C erhitzen, bis eine leichte Bindung eintritt.
- Die heiße Masse durch ein Sieb passieren, in kleine Förmchen füllen und kühl stellen, dann mit Frischhaltefolie verschließen, über Nacht in den Tiefkühler geben und erst kurz vor dem Anrichten herausnehmen.
- Für die Cracker Obers mit Butter und Staubzucker auf ca. 50 °C erhitzen, die geriebenen Kürbiskerne einrühren und die Masse 60 Minuten zugedeckt in den Kühlschrank stellen.
- Zwischen zwei Backpapierbögen die erkaltete Cracker-Masse mithilfe eines Nudelholzes dünn auswalken, den oberen Backpapier-Bogen entfernen und die Masse mit dem zweiten Bogen auf ein Backblech geben, im auf 200 °C vorgeheizten Backofen auf mittlerer Schiene 8–10 Minuten goldbraun backen (Achtung: fließt auseinander).
- Fertige Crackermasse zum Auskühlen auf dem Blech lassen und danach in gefällige Stücke brechen, das Zimteis aus den Förmchen stürzen und mit Crackern, Steirischem Kürbiskernöl g.g.A. und, falls vorhanden, mit Kürbiskernölkaviar und Melisse garniert anrichten.

Kürbistarte

mit Baiserhaube

Zutaten für 1 Tarteform (28 cm ø)

TARTEBODEN
4 Eier
180 g Staubzucker (Puderzucker)
180 g weiche Butter
1 Prise Salz
300 g Dinkelmehl
50 g Kürbiskerne, grob gerieben

BELAG
ca. 600 g Kürbis (Muskatkürbis oder Blue Banana)

BAISER
50 g Kürbiskerne, geschrotet
3 Eiklar (Eiweiß)
200 g Kristallzucker

Zubereitung (30 Min. ohne Backzeit)

- Die Eier mit Staubzucker, Butter und Salz mit dem Handmixer cremig rühren, das Mehl mit den Kürbiskernen vermischen und in die Eiermasse einarbeiten.
- Eine Tarteform mit Backpapier auslegen, die Masse einfüllen und glatt streichen.
- Den Kürbis schälen, entkernen, in kleine Würfel schneiden und auf der Masse verteilen, im vorgeheizten Backofen bei 180 °C auf mittlerer Schiene 30 Minuten backen, aus dem Ofen nehmen und auskühlen lassen.
- In der Zwischenzeit die geschroteten Kürbiskerne in einer beschichteten Pfanne ohne Fett leicht rösten und auskühlen lassen.
- Eiklar mit Kristallzucker so lange mit dem Mixer steif schlagen, bis sich beim Eischnee Spitzen bilden.
- Eischnee auf die Tarte geben, glatt streichen und mit den gerösteten Kürbiskernen bestreuen, die Tarte weitere 10 Minuten bei gleicher Hitze und Position fertig backen, aus dem Ofen nehmen und auskühlen lassen.

Kürbispudding
mit Haselnüssen und Kardamom

Zutaten für 6 Stück

150 g Kürbis (Hokkaido oder Hubbard)
125 g weiche Butter
100 g Kristallzucker
3 Eier
90 g Mehl
1 ½ TL Kardamom, gemahlen
1 TL Backpulver
40 g Haselnüsse, fein gerieben

flüssige Butter für die Förmchen

Zubereitung (15 Min. ohne Garzeit)

- Kürbis schälen (ist beim Hokkaido nicht nötig), von Kernen befreien, Fruchtfleisch fein raspeln.
- Butter und Kristallzucker mit dem Mixer schaumig schlagen, ein Ei nach dem anderen gründlich unterrühren.
- Das Mehl mit Kardamom und Backpulver vermischen und unterrühren, danach den geraspelten Kürbis und die Haselnüsse unterheben.
- Sechs feuerfeste Förmchen mit Butter auspinseln, die Masse in den Förmchen verteilen, Förmchen in eine Auflaufform stellen und kochendes Wasser in die Form gießen, bis die Förmchen zur Hälfte im Wasser stehen.
- Die Form mit Alufolie (oder einem Deckel) luftdicht verschließen und den Pudding im vorgeheizten Backofen bei 180 °C 30–35 Minuten pochieren.
- Förmchen aus dem Wasserbad nehmen und den Pudding in den Förmchen 5 Minuten abkühlen lassen.
- Danach den Pudding aus den Förmchen in Schälchen oder auf kleine Teller stürzen und warm servieren.

Tipp

Zu diesem Pudding passt jedes beliebige Kompott; besonders gut schmeckt süß eingelegter Kürbis dazu (siehe Rezept auf S. 146).

Süße Kürbiskrapfen

Zutaten für 4 Portionen

600 g Dinkelmehl
*500 g dickflüssiges Kürbispüree**
125 g Vollrohrzucker
1 P. Hefe (42 g)
250 ml lauwarme Milch
1 Ei
1 Prise Salz
abgeriebene Schale von 1 Bio-Zitrone
100 g Rosinen

Öl zum Frittieren

Zubereitung (40 Min. ohne Wartezeit)

- Mehl, Kürbispüree (Zubereitung siehe unten) und einen Teil des Zuckers in einer Schüssel verrühren.
- Die Hefe und den restlichen Zucker in der lauwarmen Milch auflösen und in die Schüssel geben.
- Ei, Salz, Zitronenschalen und Rosinen ebenfalls dazugeben.
- Das Ganze zu einem glatten Teig verkneten, den Teig mit einem feuchten Tuch bedecken und an einem warmen Ort 30 Minuten gehen lassen.
- Den Teig mit einem Esslöffel portionieren und die Krapfen in heißem Öl bei ca. 150 °C herausbacken, anschließend gut abtropfen lassen und noch heiß servieren.

Tipp

Zu den Kürbiskrapfen passen Ahornsirup, Vanillesauce oder Zimtzucker!

*** Für das Kürbispüree Kürbis (z. B. Butternuss, Langer von Neapel, Muskatkürbis, Hokkaiodo, Blue Ballet …) schälen und entkernen. Das Fleisch würfeln, den Kürbis am besten in einem Siebeinsatz im Dampf rund 20 Minuten garen, bis das Fruchtfleisch weich ist. Das weiche Kürbisfleisch mit einem Stabmixer pürieren. Kleinere Mengen können auch mit der Gabel zerdrückt werden. Faserige Kürbissorten ergeben ein feineres Püree, wenn man den Kürbis durch ein sehr feines Haarsieb passiert. Kürbispüree eignet sich hervorragend für Backwaren.**

Kürbis-Beeren-Blätterteigkuchen

Zutaten für 1 Tarteform (Ø 24 cm)

400 g frischer Blätterteig
Backpapier und ca. 150 g getrocknete Linsen oder Bohnen zum Blindbacken

GUSS
250 g Topfen (Quark, 20 % F. i. Tr.) 125 g Crème fraîche • 100 g Kürbisfleisch (z. B. Hubbard oder Butternuss) • 4 EL Kürbiskernöl 2 Eier • 1 TL Ingwer, fein gerieben • etwas abgeriebene Schale von 1 Bio-Orange

BELAG
400 g Beeren (z. B. Himbeeren, Ribiseln, Brombeeren ...) • 1 EL Speisestärke • 100 g brauner Zucker

Zubereitung (25 Min. ohne Backzeit)

- Blätterteig aufrollen, dünn auswalken und einen Kreis mit ca. 27 cm Ø ausschneiden, in eine beschichtete Tarteform auslegen, sodass der Teig auch die Ränder bedeckt, den Teig mit einer Gabel einige Male einstechen.
- Den Teigboden mit Backpapier belegen und darauf die getrockneten Hülsenfrüchte verteilen.
- Im vorgeheizten Backofen bei 180 °C ca. 8 Minuten blindbacken, dann aus dem Backofen nehmen.
- Die Hülsenfrüchte mit dem Backpapier entfernen und den Teigboden auskühlen lassen.
- Für den Guss in einer Schüssel Topfen und Crème fraîche glatt rühren, Kürbisfleisch raspeln, mit den restlichen Zutaten unter die Topfenmasse rühren und auf den abgekühlten Kuchenboden geben, glatt streichen.
- Für den Belag frische Beeren verlesen (tiefgekühlte auftauen lassen), mit Speisestärke und braunem Zucker vorsichtig mischen und auf der Topfenmasse verteilen.
- Den Kuchen im vorgeheizten Backofen bei 180 °C ca. 45 Minuten backen.

Kürbiscremetorte

Zutaten für 1 Springform (ca. 24 cm Ø)

TORTENBODEN
5 Eidotter (Eigelb)
150 g Kristallzucker
120 g Mehl
5 Eiklar (Eiweiß)

etwas Rum zum Beträufeln

CREME
1 P. Vanillepuddingpulver
8 EL Milch
150 g Staubzucker
*500 ml Kürbispüree**
6 EL Rum oder Marillenlikör
6 Blatt Gelatine
250 ml Obers (Sahne)

geriebene Kürbiskerne zum Bestreuen

Zubereitung (ca. 40 Min. ohne Back- und Wartezeit)

- Für den Tortenboden Eidotter mit zwei Drittel des Kristallzuckers schaumig rühren, Mehl unter die Dottermasse heben.
- Eiklar mit dem restlichen Kristallzucker steif schlagen, unter die Dottermasse heben.
- Die Masse in die Springform füllen und im auf 175 °C vorgeheizten Backofen ca. 10 Minuten goldgelb backen, danach auskühlen lassen und mit Rum beträufeln.
- Puddingpulver mit Milch und Zucker glatt rühren.
- Kürbispüree unter ständigem Rühren erhitzen, Pudding einrühren, 1 Minute aufkochen lassen und Rum oder Marillenlikör dazugeben.
- Gelatine in kaltem Wasser aufquellen lassen und in den warmen Pudding einrühren.
- Obers steif schlagen und unter den gut überkühlten Kürbispudding heben.
- Die Kürbiscreme auf dem Tortenboden verteilen und die Torte mindestens 2 Stunden im Kühlschrank kalt stellen.
- Die fertige Kürbiscremetorte mit geriebenen Kürbiskernen bestreut servieren.

*** Ca. 500 g beliebigen Kürbis (z. B. Gelber oder Roter Zentner, Hokkaido, Französische Beere usw.) schälen, Kerne entfernen, Kürbisfleisch grobwürfelig schneiden, in wenig Wasser ca. 10–15 Minuten weich dünsten, Stücke aus dem Wasser nehmen und mit dem Pürierstab fein mixen, eventuell ein bisschen vom Kochwasser hinzufügen, falls das Püree zu dickflüssig ist oder mit ein wenig Obers verfeinern.**

Kürbis-Schilcher-Gugelhupf

Zutaten für 1 Gugelhupf

TEIG
250 ml Schilcher (oder Rosè-Wein)
500 g Mehl
1 P. Hefe (42 g)
1 EL Kristallzucker
300 g Kürbisfleisch (z. B. Muskat- oder Festivalkürbis), geschält und entkernt
100 g Kürbiskerne
1 Ei
1 Prise Salz
125 g Crème fraîche
1 TL Rosmarinnadeln, fein geschnitten

Butter für die Gugelhupfform
Staubzucker (Puderzucker) zum Bestreuen

Zubereitung (40 Min. ohne Back- und Wartezeit)

- Den Schilcher leicht erwärmen, Mehl in eine Schüssel sieben, eine Mulde bilden und die Hefe hineinbröseln, Kristallzucker und etwas Schilcher zugeben, zu einem Dampfl (Vorteig) verrühren und zugedeckt an einem warmen Ort 15 Minuten gehen lassen.
- Das Kürbisfleisch in ganz kleine Würfel schneiden, Kürbiskerne hacken und in einer Pfanne ohne Fett leicht anrösten, abkühlen lassen.
- Restlichen Schilcher mit allen übrige Zutaten zum Dampfl geben und zu einem glatten Teig verkneten, nochmals 15 Minuten gehen lassen.
- Danach den Teig nochmals durchkneten, zu einem Strang rollen und in die ausgebutterte Form legen, zugedeckt an einem warmen Ort so lange gehen lassen, bis sich die Masse verdoppelt hat.
- Den Gugelhupf im vorgeheizten Backofen bei 180 °C ca. 55 Minuten backen, aus dem Ofen nehmen, 10 Minuten in der Form stehen lassen, danach stürzen und vollständig auskühlen lassen, mit Staubzucker bestreuen und in gewünschte Portionen schneiden.

Tipp

Wer möchte, kann auch 80 g Rosinen unter den Teig mischen.

Graumohntorte

mit Kürbis

Zutaten für 1 Springform (ca. 23 cm Ø)

TEIG
180 g Butter
120 g Staubzucker (Puderzucker)
1 Prise Salz • etwas Rum
Zimt • 2 P. Vanillezucker
7 Eidotter (Eigelb) • 7 Eiklar (Eiweiß) • 100 g Zucker
100 g Dinkelvollkornmehl
80 g Kartoffelstärke
250 g Graumohn, gemahlen
125 ml Sauerrahm (saure Sahne)
300 g Gartenkürbis (z. B. Gelber oder Roter Zentner)

Butter und Mehl für die Form

GLASUR
300 g Staubzucker
2 EL Zitronensaft
1 EL Eiklar (Eiweiß)
1 EL Weinbrand

ca. 100 g gehackte Kürbiskerne zum Bestreuen

Zubereitung (ca. 30 Min. ohne Backzeit)

- Butter, gesiebten Staubzucker, Salz, Rum, Zimt und Vanillezucker gut verrühren, nach und nach Eidotter beigeben und schaumig rühren.
- Eiklar mit Zucker steif schlagen, Dinkelvollkornmehl, Kartoffelstärke und Graumohn gut vermischen.
- Den Kürbis schälen, entkernen und raspeln, den Sauerrahm und den geraspelten Kürbis in die Dottermasse rühren, danach abwechselnd den Eischnee und die Mehl-Mohn-Mischung unterheben.
- Den Teig in eine befettete und bemehlte Springform füllen und im auf 180 °C vorgeheizten Backofen ca. 60 Minuten backen und auskühlen lassen.
- Für die Glasur alle Zutaten gut verrühren, die Torte mit der Glasur überziehen und den Rand mit fein gehackten Kürbiskernen verzieren.

Steirischer Kürbiseisbecher

Zutaten für 4 Portionen

1 Glas süß eingelegter Kürbis
(Rezept siehe S. 146)
4 EL Honig
1 EL Butter
12 Kugeln Vanilleeis
4 EL Kürbiskerne, geröstet und klein gehackt
Kürbiskernöl

Zubereitung (10 Min.)

- Den süß eingelegten Kürbis in eine Pfanne geben und mit Honig und Butter leicht erwärmen, danach etwas abkühlen lassen.
- Das Vanilleeis in 4 Gläsern oder Schüsseln anrichten, den eingelegten Kürbis darauf verteilen und mit Kürbiskernen und einigen Tropfen Kernöl garniert servieren.

Kürbiswaffeln

Zutaten für 12 Stück

250 g Kürbis (z. B. Muskatkürbis oder Pink Jumbo Banana)
abgeriebene Schale von ½ Bio-Zitrone
4 Eidotter (Eigelb)
120 g Butter
50 g Zucker
1 P. Vanillezucker
1 Prise Salz
250 ml Milch
250 g Mehl
4 Eiklar (Eiweiß)

Fett zum Ausbacken
Staubzucker (Puderzucker) zum Bestreuen

Zubereitung (30 Min. ohne Backzeit)

- Den Kürbis in Spalten schneiden, Kerne entfernen, mit einem scharfen Messer oder einem Sparschäler schälen und fein raspeln, kurz (etwa 30 Sekunden) in kochendem Wasser blanchieren, dann in einem Sieb abtropfen lassen, Kürbisraspel ausdrücken und mit der Zitronenschale vermengen.
- Eidotter mit Butter, Zucker, Vanillezucker und Salz schaumig rühren, Milch zugeben, Mehl darübersieben und unterrühren, zuletzt die Kürbisraspel und den steif geschlagenen Eischnee untermengen.
- Jeweils einen kleinen Schöpfer Teig auf das befettete Waffeleisen geben und einige Minuten zu goldbraunen Waffeln backen.
- Die fertigen Kürbiswaffeln mit Staubzucker bestreut servieren.

Süß eingelegter Kürbis

Zutaten für 6–7 Gläser à 200 ml

1,5 kg Kürbisfleisch (Muskatkürbis, Butternuss, Gelber oder Roter Zentner …), geschält und entkernt
2 Bio-Orangen
1 Bio-Grapefruit
150 g Dörrpflaumen
250 ml Apfelessig
500 ml Apfelsaft
1 kg Kristallzucker
1 EL Ingwer, geschält und klein geschnitten

Tipp

Kühl und dunkel gelagert beträgt die Haltbarkeit 3 Monate, bereits geöffnete Gläser immer wieder gut verschließen und in den Kühlschrank stellen!!

Zubereitung (45 Min. ohne Wartezeit)

- Kürbisfleisch in Stifte schneiden (wie Pommes frites), Orangen und Grapefruit gut waschen und abtrocknen, mit dem Sparschäler schälen und die Schalen in ganz dünne Streifen schneiden, Dörrpflaumen in dünne Scheiben schneiden.
- In einem geeigneten Topf Essig, Apfelsaft und Kristallzucker langsam erhitzen, Orangen- und Grapefruitschalen, Dörrpflaumen und Ingwer zugeben und darin aufkochen, die Kürbisstifte dazugeben und 5 Minuten glasig kochen.
- Kürbisstreifen aus dem Sud nehmen und in einer Schüssel beiseitestellen.
- Orangen und Grapefruit filetieren (am besten über dem Sud, so kann der Saft direkt hineintropfen), den Sud noch einmal aufkochen, über die Kürbisstifte gießen und zugedeckt über Nacht ziehen lassen.
- Am nächsten Tag die Kürbisstifte abseihen, Sud auffangen und nochmals aufkochen.
- Kürbisstifte und die übrigen Zutaten in sterilisierten Gläsern verteilen und mit kochend heißem Sud übergießen, die Gläser ganz auffüllen, mit den Deckeln gut verschließen.

Topfen-Joghurt-Schnitte
mit Kürbisspiegel

Zutaten für 1 Auflaufform (ca. 22 x 30 cm)

KUCHENBODEN
8 Eidotter (Eigelb)
140 g Kristallzucker
1 P. Vanillezucker
200 g Kürbiskerne, gemahlen
80 g Semmelbrösel (Paniermehl)
2 EL Rum • 8 Eiklar (Eiweiß)
Butter für die Form

CREME
250 g Topfen (Quark, 20 % F. i. Tr.)
120 g Staubzucker (Puderzucker)
1 P. Vanillezucker
abgeriebene Schale von 1 Bio-Zitrone
500 ml Joghurt • 6 Blatt Gelatine
1/16 l Rum • 250 ml Obers (Sahne)

KÜRBISSPIEGEL
2 Blatt Gelatine • 125 ml Traubensaft • 3 EL Staubzucker
1 P. Vanillezucker • Saft und abgeriebene Schale von 1 Bio-Zitrone • 1 Zimtstange
250 ml Kürbispüree
(Rezept siehe S. 141)

Zubereitung (ca. 45 Min. ohne Back- und Wartezeit)

- Für den Kuchenboden Eidotter mit zwei Drittel des Kristallzuckers und Vanillezucker schaumig rühren, Kürbiskerne, Semmelbrösel und Rum unter die Dottermasse heben.
- Eiklar mit dem restlichen Kristallzucker steif schlagen und ebenfalls unterheben.
- Masse in die befettete Form füllen und im auf 160 °C vorgeheizten Backofen ca. 30–40 Minuten backen.
- Für die Creme Topfen, Staubzucker und Vanillezucker schaumig rühren, Zitronenschale und Joghurt dazugeben.
- Gelatine in kaltem Wasser einweichen, Rum langsam erwärmen, die Gelatine darin auflösen und zur Topfen-Joghurt-Masse geben, steif geschlagenes Obers unterheben und die Creme sofort auf den ausgekühlten Boden in der Form streichen, die Masse ca. 4 Stunden zum Festwerden in den Kühlschrank stellen.
- Für den Kürbisspiegel Gelatine in kaltem Wasser einweichen, Traubensaft erwärmen, Zucker und Vanillezucker beimengen, Zitronensaft mit Zimt aufkochen.
- Gelatine ausdrücken und in den heißen Traubensaft einrühren und auflösen, dann den Traubensaft mit dem Kürbispüree vermengen, Zitronenschale dazugeben, diese Masse auf die erkaltete Topfen-Joghurt-Schicht geben, erneut im Kühlschrank ca. 3 Stunden erkalten lassen und dann in Schnitten schneiden.

Kürbissorbet

Zutaten für 6 Portionen

KÜRBISPÜREE
1 kg Kürbisfleisch (z. B. Muskatkürbis, Langer von Neapel …), geschält und entkernt
125 ml Wasser
2 EL Kristallzucker

SORBET
250 ml Mineralwasser
100 g Kristallzucker
3 Sternanis
1 Vanilleschote, halbiert und der Länge nach aufgeschlitzt
Saft von 2 Limetten

ZUM GARNIEREN
2 EL karamellisierte Kürbiskerne
4 TL Kürbiskernöl
eventuell einige Minzeblätter

Zubereitung (25 Min. ohne Kühl- und Gefrierzeit)

- Für das Püree Kürbisfleisch in kleine Stücke schneiden und mit dem Wasser und dem Kristallzucker weich dünsten, in ein Sieb abgießen und fein pürieren, 750 g auswiegen und kalt stellen (restliches Püree anderweitig verwenden, z. B. für eine Creme oder einfach zum Joghurt oder Müsli).
- Für das Sorbet Mineralwasser, Kristallzucker, Sternanis und Vanilleschote in einer geeigneten Kasserolle bei mittlerer Hitze unter Rühren zum Kochen bringen.
- Erst wenn sich der Kristallzucker vollständig aufgelöst hat, die Hitze erhöhen und die Masse eine Minute kochen, den Sirup vom Herd nehmen und auskühlen lassen, Sternanis und Vanilleschote entfernen.
- Das gekühlte Kürbispüree in eine Schüssel geben, Sirup und Limettensaft zugeben und gut verrühren.
- Die Masse in eine Metallschüssel füllen, ins Gefrierfach stellen und bis zum Festwerden (ca. 2 Stunden) halbstündlich mit einem Schneebesen durchrühren.
- Vor dem Servieren das Sorbet 10 Minuten bei Raumtemperatur antauen lassen, anschließend in kleinen Schälchen anrichten und mit Kürbiskernen, Kernöl und nach Wunsch Minzeblättern garnieren.

Süßer Kürbisstrudel

Zutaten für 1 Strudel

TEIG
150 g Universal-Mehl
2 EL Öl • 1 EL Wasser
1 Ei (Größe S) • 1 TL Essig
1 Prise Salz

FÜLLE
70 g Brösel (Paniermehl)
70 g Butter
800 g Kürbis (z. B. Gelber Zentner, Hokkaido oder Muskatkürbis)
150 g Zucker
3 EL Walnüsse, gerieben
2 P. Vanillezucker • Zimt
Saft und abgeriebene Schale von ½ Bio-Zitrone

zerlassene Butter zum Bestreichen

Zubereitung (ca. 50 Min. ohne Warte- und Backzeit)

- Aus Mehl, Öl, Wasser, Ei, Essig und Salz einen glatten Strudelteig bereiten und mit Frischhaltefolie abgedeckt 30 Minuten rasten lassen.
- Für die Fülle Brösel in Butter goldgelb rösten, den Kürbis in Spalten schneiden, von Kernen befreien, mit einem scharfen Messer oder einem Sparschäler schälen (bei Hokkaido nicht nötig), in feine Blättchen hobeln oder würfelig schneiden.
- Den Kürbis mit Zucker, Nüssen, Vanillezucker, Zimt, Zitronenschale und -saft vermischen.
- Den Strudelteig auf einem bemehlten Strudeltuch ausziehen, zwei Drittel des Teiges mit den Bröseln bestreuen, Kürbisfülle darauf verteilen, den freien Teil des Teiges mit zerlassener Butter bestreichen, seitliche Teigränder einschlagen und den Strudel mit Hilfe des Tuches einrollen.
- Den Strudel auf ein mit Backpapier ausgelegtes Backblech setzen, mit Butter bestreichen und im auf 180 °C vorgeheizten Backofen ca. 35 Minuten backen.

Grieß-Kürbis-Teigpäckchen

Zutaten für 6 Portionen

FÜLLE
ca. 300 g Kürbis (z. B. Trompeten- oder Eichelkürbis oder Butternuss)
200 g Butter • abgeriebene Schale von ½ Bio-Zitrone • Salz
1 P. Vanillezucker • 5 Eier
200 g Weizengrieß
250 ml Sauerrahm (saure Sahne)
50 g Kristallzucker

2 Strudelteigblätter
flüssige Butter zum Bestreichen

Wasser zum Kochen
½ TL Salz • 125 ml Rum
1 P. Vanillezucker

BUTTERBRÖSEL
2 EL Butter
4 EL Semmelbrösel (Paniermehl)

Staubzucker und geröstete Kürbiskerne zum Bestreuen
Kürbiskernöl zum Garnieren

Zubereitung (45 Min. ohne Garzeit)

- Für die Fülle den Kürbis schälen, entkernen, in kleine Würfel schneiden.
- Butter mit Zitronenschale, Salz und Vanillezucker schaumig rühren.
- Eier trennen, Eidotter (Eigelb) einzeln nach und nach einrühren, Kürbiswürfel, Grieß und Sauerrahm dazugeben und vermischen.
- Eiklar mit Kristallzucker steif schlagen und unter die Masse heben.
- Die Strudelteigblätter einzeln auf eine Arbeitsfläche legen und mit flüssiger Butter bestreichen, dann die Blätter übereinanderlegen, Fülle darauf verteilen, einrollen, in gewünschte Portionen teilen (am besten geht das mit einem Teller, den man aufgestellt in der Hand hält und mit dem Tellerrand die Stücke abtrennt, darauf achten, dass die Schnittstellen gut zusammengedrückt und somit verschlossen werden!).
- In einem geeigneten Topf Wasser, Salz, Rum und Vanillezucker zum Kochen bringen, Strudelpäckchen einlegen und 8 Minuten ziehen lassen, mit einem Schaumlöffel vorsichtig aus dem Sud heben, abtropfen lassen und auf vorgewärmte Teller geben, mit Butterbröseln, Staubzucker und Kürbiskernen garnieren, mit Kürbiskernöl beträufeln und servieren.

Vollkornstrudel

mit Kürbisfülle

Zutaten für 1 Strudel

TEIG
150 g Weizenvollkornmehl
2 EL Öl
½ TL Salz
70 ml lauwarmes Wasser

FÜLLE
500 g Kürbisfleisch (z. B. Muskat- oder Festivalkürbis), geschält und entkernt
50 g Pistazien
2 EL Butterschmalz
4 EL Sauerrahm (saure Sahne)
1 EL Honig
1 Prise Zimt
1 Prise Nelkenpulver

Zubereitung (40 Min. ohne Warte- und Backzeit)

- Für den Teig alle Zutaten vermischen und auf einer Arbeitsfläche zu einem geschmeidigen Teig verkneten, zu einer Kugel formen, mit Öl bestreichen und mit Frischhaltefolie zugedeckt 30 Minuten im Kühlschrank rasten lassen.
- In der Zwischenzeit für die Fülle das Kürbisfleisch grob raspeln, die Pistazien in einer Pfanne trocken rösten, etwas auskühlen lassen, dann grob hacken.
- Das Butterschmalz in einer Pfanne schmelzen, geraspelten Kürbis dazugeben, Herd auf die höchste Stufe schalten und den Kürbis etwa 8 Minuten dünsten, vom Herd nehmen und vollständig auskühlen lassen.
- Sauerrahm mit Honig verrühren und mit den Gewürzen zum ausgekühlten Kürbis geben, vermischen.
- Den Strudelteig auf einem bemehlten Tuch ausziehen, die Fülle darauf verteilen, mit den Pistazien bestreuen und mithilfe des Tuches zu einem Strudel rollen.
- Den Strudel mit dem Schluss nach unten auf ein mit Backpapier ausgelegtes Backblech legen und im vorgeheizten Backofen bei 180 °C ca. 35 Minuten backen, aus dem Ofen nehmen und in Stücke schneiden.

Kürbiskuchen mit Kernöl

Stachelbeeren und Ribiseln

Zutaten für 1 Backblech oder eine mittelgroße Auflaufform

TEIG
250 g junger Ölkürbis (oder Zucchini)
150 g Backzucker
300 g Dinkelmehl
100 g geriebene Mandeln
30 g Steir. Kürbiskernöl g.g.A.
1 P. Backpulver
20 g Speisestärke
1 TL Ingwerpulver
2 Msp. Nelkenpulver
1 P. Vanillezucker
125 ml ungesüßte Mandelmilch

BELAG
250 g Stachelbeeren, halbiert
200 g rote Ribiseln (Johannisbeeren)
2 EL Zucker

Zubereitung (25 Min. ohne Backzeit)

- Den Ölkürbis waschen und raspeln (Schale und Kerne müssen nicht entfernt werden).
- Alle Zutaten für den Teig miteinander vermengen und gleichmäßig auf das Backblech streichen bzw. in die vorbereitete Auflaufform geben.
- Für den Belag die Früchte waschen, vorsichtig abtrocknen, große Stachelbeeren halbieren, alles mit einem EL Zucker vermischen und auf dem Teig verteilen.
- Den Kuchen im auf 180 °C vorgeheizten Backofen auf mittlerer Schiene ca. 25 Minuten goldbraun backen.
- Kuchen aus dem Ofen nehmen, den heißen Kuchen mit dem zweiten EL Zucker bestreuen und den Kuchen bis zum Verzehr gut abkühlen lassen.

Tipp

Da die Ribiseln säuerlich schmecken, den Kuchen nach Belieben mit Staubzucker bestreut servieren.

Kürbiskernöl-Törtchen

mit Vanille-Kürbiskern-Creme

Zutaten für ca. 8 Stück

Biskuit
5 Eier
120 g Zucker
80 g Mehl
80 g Kürbiskerne, fein gerieben
30 g Kürbiskernöl

Kristallzucker zum Bestreuen

Vanille-Kürbiskern-Creme
45 g Vanillepuddingpulver
500 ml Milch
3 EL Kristallzucker
4 Blatt Gelatine
200 ml Obers (Sahne)
8 EL Kürbiskerne, grob gehackt

200 g Himbeeren

Zubereitung (35 Min. ohne Back- und Wartezeit)

- Für das Biskuit die Eier trennen, Eiklar (Eiweiß) mit 80 g Zucker langsam zu festem Schnee schlagen.
- Eidotter (Eigelb) mit dem restlichen Zucker schaumig aufschlagen, zuerst ein Drittel vom Eischnee unter die Dottermasse rühren, dann den restlichen Eischnee mit Mehl und Kürbiskernen vorsichtig unterheben, zum Schluss das Kürbiskernöl unterziehen.
- Die Masse auf ein mit Backpapier belegtes Blech streichen und im auf 210 °C vorgeheizten Backofen 12–15 Minuten backen, auskühlen lassen.
- Für die Creme Puddingpulver in etwas kalter Milch anrühren, restliche Milch mit Zucker aufkochen und das angerührte Puddingpulver einrühren, aufkochen lassen und unter ständigem Rühren 1 Minute kochen.
- Die Gelatine in kaltem Wasser einweichen, gut ausdrücken und im noch leicht warmen Pudding auflösen, die Creme auskühlen lassen, dann steif geschlagenes Obers und Kürbiskerne unterziehen.
- Aus dem Biskuit 16 Scheiben (Durchmesser 8 cm) ausstechen (Biskuitreste für Punschkrapfen oder Biskuitbrösel weiterverwenden), 8 Scheiben für die Böden in kleine Dessertringe geben, ca. ⅔ der Creme darauf verteilen, mit einer zweiten Biskuit-Scheibe bedecken, etwas andrücken, die Ringe entfernen, die restliche Creme auf den Törtchen verstreichen und mit Himbeeren belegen, die fertigen Törtchen sofort servieren.

Kürbiskernöl-Osterhase

Zutaten für 1 Hasenform

50 g Butter
20 g Steir. Kürbiskernöl g.g.A.
1 großes Ei
50 g Staubzucker (Puderzucker)
1 P. Vanillezucker
2 EL Rum
1 Prise Salz
1 EL Steir. Kürbiskerne, gehackt
80 g Weizenmehl
1 EL (ca. 15 g) Stärkemehl
½ TL Backpulver

Butter für die Form
Staubzucker zum Bestreuen

Zubereitung (ca. 20 Min. ohne Backzeit)

- Die handwarme Butter mit Kürbiskernöl cremig schlagen, anschließend mit Ei und Staubzucker schaumig rühren.
- Vanillezucker, Rum, Salz sowie gehackte Kürbiskerne zugeben und alles gut vermengen.
- Mehl mit Stärkemehl und Backpulver vermischen, nach und nach das Mehlgemisch unter den Butterabtrieb rühren.
- Den Teig in eine befettete Hasenform füllen und im auf 180 °C vorgeheizten Backofen ca. 30 Minuten backen (Stäbchenprobe machen!).
- Den fertigen Hasenkuchen 10 Minuten in der Form abkühlen lassen, dann den Hasen aus der Form nehmen und bei Bedarf die Stellfläche begradigen.
- Nachdem der Hase vollständig abgekühlt ist, leicht mit Staubzucker bestreuen und servieren.

Kürbis-Apfel-Muffins

Zutaten für 12 Stück

90 g Dinkelvollkornmehl
90 g Weizenmehl
1 TL Backpulver
1 TL Zimt
80 g Walnüsse, gerieben
150 g Äpfel
100 g Kürbisfleisch (z. B. Langer von Neapel, Butternuss), geschält und entkernt
3 Eier
100 g Zucker
1 TL Vanillezucker
1 Prise Salz
100 ml Rapsöl

Papierförmchen für das Muffinblech

Zubereitung (20 Min. ohne Backzeit)

- Beide Mehlsorten mit Backpulver, Zimt und Nüssen vermischen.
- Die Äpfel schälen und vom Kerngehäuse befreien, Äpfel und Kürbisfleisch fein raspeln.
- Die Eier mit Zucker, Vanillezucker und Salz schaumig rühren, das Öl langsam einrühren.
- Die Mehlmischung sowie die Äpfel- und Kürbisraspel unter die Eiermasse heben.
- Papierförmchen in die Vertiefungen des Muffinblechs setzen, die Masse gleichmäßig einfüllen und im auf 180 °C vorgeheizten Backofen etwa 20 Minuten backen.

Tipp

Statt Kürbis eignen sich auch Zucchini bestens für diese Muffins.

Zucchinigugelhupf mit Haselnüssen

Zutaten für 1 Gugelhupf

400 g Zucchini
300 g Rohrzucker
1 P. Vanillezucker
250 ml Öl
3 Eier
100 g Haselnüsse, gerieben
abgeriebene Schale von 1 Bio-Zitrone
½ TL Zimtpulver
500 g glattes Mehl
1 TL Backpulver

Butter und Mehl für die Form

Zubereitung (15 Min. ohne Backzeit)

- Die Zucchini waschen, abtrocknen, vom Stielansatz befreien und fein raspeln.
- Rohrzucker, Vanillezucker, Öl und Eier am besten in einer Küchenmaschine oder mit dem Handmixer sehr schaumig rühren.
- Haselnüsse, Zitronenschale, Zimt und geraspelte Zucchini in die Masse einarbeiten und gut vermischen.
- Zum Schluss das Mehl und das Backpulver darübersieben und vorsichtig unterrühren.
- Die Form befetten und mit Mehl ausstauben, die Masse einfüllen und im vorgeheizten Backofen bei 180 °C ca. 55 Minuten backen (Nadelprobe!).
- Den Gugelhupf stürzen und in der Form auskühlen lassen.

Frittierte Topfenknödel
mit Kürbisfülle

Zutaten für 12 Portionen

KNÖDEL
4 Eier • 4 EL Wasser
4 EL Kristallzucker
1 P. Vanillezucker
250 g Topfen (Quark, 20 % F. i. Tr.)
1 Prise Salz • 250 g Mehl
½ P. Backpulver

Öl zum Frittieren
Staubzucker (Puderzucker) zum Bestreuen

FÜLLE
200 g Kürbisfleisch (z. B. Roter Zentner oder Butternuss), geschält und entkernt
4 EL Braunzucker
Saft von 1 Zitrone
etwas Ingwer, geschält und klein geschnitten
Zimt- und Nelkenpulver

Zubereitung (45 Min. ohne Warte- und Garzeit)

- Für die Knödel die Eier trennen, Eidotter (Eigelb) mit Wasser, Kristall- und Vanillezucker, Topfen und Salz in einer geeigneten Schüssel mit dem Schneebesen glatt rühren, Eiklar (Eiweiß) zu steifem Schnee schlagen.
- Mehl und Backpulver vermischen und sieben, abwechselnd mit dem Eischnee unterheben, die Masse 30 Minuten kalt stellen.
- Für die Fülle das Kürbisfleisch in ½ cm große Würfel schneiden, Zucker in einer beschichteten Pfanne karamellisieren, Kürbis dazugeben und mit Zitronensaft ablöschen, leise köcheln lassen, bis sich der Karamell aufgelöst hat.
- Mit Ingwer, Zimt- und Nelkenpulver würzen und vollständig auskühlen lassen (am besten im Kühlschrank).
- Aus der sehr weichen Masse mit einem Esslöffel eine Portion abstechen, einen Teelöffel von der Fülle in die Mitte geben und mithilfe eines weiteren Esslöffels die Fülle mit Teig umschließen und zu einem länglich-ovalen Krapfen formen.
- Die Krapfen vom Löffel direkt in das 140 °C heiße Öl geben, nur so viele Krapfen auf einmal einlegen, dass sie genug Platz haben und schwimmend unter mehrmaligem Wenden ausgebacken werden können (ca. 8 Minuten).
- Die fertigen Krapfen mit einem Lochschöpfer herausnehmen, auf einem Gitter abtropfen lassen.
- Vor dem Servieren mit Staubzucker bestreuen.

Birnen-Kürbis-Kuchen

mit Schokolade-Minze-Blättchen

Zutaten für 1 eckige Auflaufform (ca. 26 x 17 cm, Höhe 5 cm)

ca. 500 g Kürbisfleisch (z. B. Französische Beere, Langer von Neapel oder Butternuss), geschält und entkernt • 3–4 große Birnen
Saft von 1 Bio-Zitrone

TEIG
4 Eier • 100 g Zucker
1 P. Vanillezucker
30 g Butter • 1 Prise Salz
ev. 1–2 Tropfen Pfefferminzextrakt
140 g glattes Mehl
50 g Haselnüsse, gemahlen
230 ml Milch
12–18 Schokolade-Minze-Blättchen (z. B. After Eight)

Butter und Mehl für die Form
Staubzucker und/oder Schokoladenstreusel zum Bestreuen

Zubereitung (45 Min. ohne Back- und Wartezeit)

- Das Kürbisfleisch mit einem Gemüsehobel in dünne Scheiben hobeln.
- Die Birnen schälen, halbieren, das Kerngehäuse entfernen, die Birnenhälften ebenfalls dünn hobeln und mit dem Zitronensaft gut vermischen.
- Für den Teig die Eier mit Zucker und Vanillezucker so lange mixen, bis die Masse schaumig und hell ist, die geschmolzene und leicht abgekühlte Butter, Salz und das Pfefferminzextrakt unterrühren.Das Mehl und die Haselnüsse abwechselnd mit der Milch portionsweise unter die Eiermasse mischen und so lange rühren, bis der Teig glatt und ohne Klümpchen ist.
- Den Boden der befetteten und bemehlten Auflaufform dicht mit einer Lage Kürbisscheiben belegen, mit einem Schöpfer ein bisschen Teig darauf verteilen und glatt streichen.
- Nun eine Schicht Birnenscheiben einlegen, diese wieder mit etwas Teig bestreichen, darauf ca. 6 Schokolade-Minze-Blättchen verteilen und weiter die Lagen abwechselnd einschichten (Kürbis, Teig, Birne, Teig, Schokoblättchen, Kürbis …), bis die Form bis 2 cm unter dem Rand voll ist, mit einer Teigschicht abschließen, im auf 180 °C vorgeheizten Backofen ca. 50 Minuten backen.
- Den fertigen Schichtkuchen mindestens 3 Stunden auskühlen lassen und mit einem in heißes Wasser getauchten Messer vorsichtig in Stücke schneiden, vor dem Servieren mit Staubzucker und/oder Schokoladenstreuseln bestreuen.

Kapitel 4

Eingelegter Kürbis, Brot, Gebäck & Aufstriche

Kürbis eignet sich bestens zum Haltbarmachen. Er kann getrocknet, eingelegt oder zu Marmelade verarbeitet werden. Zum Einlegen eignen sich auch eher wässrige Kürbissorten wie Gelber und Roter Zentner, Patissons, Zucchini oder Futsu Kurokawa. Grundsätzlich kann man jede beliebige Kürbissorte einlegen. Für Marmelade ist der Butternusskürbis wegen seiner natürlichen Süße der Spitzenkandidat. Als Zutat für Brot verleiht Kürbis diesem eine wunderbare Saftigkeit und einen herrlich nussigen Geschmack.

Pikant eingelegter Kürbis

Zutaten für ca. 4–5 Gläser à 200 g

1 kg Kürbis (z. B. Gelber Zentner oder Muskatkürbis)
2 EL Einlegegewürz (Rezept siehe S. 161)
375 ml Apfelessig oder anderer milder Essig
400 g Kristallzucker
4 Thymianzweige

Zubereitung (35 Min. ohne Garzeit)

- Den Kürbis schälen und entkernen, Kürbisfleisch in 1 cm große Würfel schneiden.
- Das Einlegegewürz in ein Mullsäckchen füllen und dieses mit Garn zubinden, in einem großen Topf den Essig mit Kristallzucker verrühren und zum Kochen bringen, Gewürzsäckchen zugeben und 10 Minuten leise köcheln lassen.
- Danach die Kürbiswürfel einrühren, einmal aufkochen lassen, Thymian zugeben und weitere 5 Minuten ziehen lassen.
- Gewürzsäckchen und Thymianzweige herausnehmen und Kürbisstücke mit dem Sud sofort in sterilisierte Gläser füllen, diese gut verschließen und abkühlen lassen.

Tipp

Kühl und dunkel aufbewahren (halten sich ca. 6 Monate), bereits geöffnete Gläser immer wieder gut verschließen und in den Kühlschrank stellen.

Getrockneter, in Öl eingelegter Kürbis

Zutaten für ca. 6–7 Gläser à 250 ml

3 kg Kürbis (Muskatkürbis oder Hokkaido)
1–2 TL Salz
10 Knoblauchzehen, geschält und der Länge nach halbiert
1 TL Kümmel, gemahlen

ZUM EINLEGEN
ca. 600 ml Olivenöl
ca. 14 Knoblauchzehen, geschält
ca. 7 Zweige Thymian

Zubereitung (30 Min. ohne Dörrzeit)

- Den Kürbis sorgfältig waschen und gut abtrocknen (Hokkaido) bzw. schälen (Muskatkürbis), danach halbieren und die Kerne mit einem Esslöffel entfernen.
- Das Kürbisfleisch in ½ cm dicke Scheiben schneiden, die Scheiben beidseitig salzen, mit den halbierten Knoblauchzehen einreiben und mit Kümmel bestreuen.
- Die Kürbisscheiben auf die Einsätze des Dörrapparates legen und bei 70 °C etwa 8 Stunden trocknen (Achtung: es gibt Dörrgeräte mit unterschiedlichster Leistung - bitte genau nach Bedienungsanleitung dörren!).
- Wenn die Kürbisscheiben vollständig getrocknet sind, zuerst etwas Olivenöl in die Gläser gießen, dann die getrockneten Kürbisscheiben dicht übereinander schichten, in jedes Glas auch zwei Knoblauchzehen und einen Thymianzweig geben, dann mit Olivenöl bedecken, bis das Glas voll ist, und gut verschließen. Gläser kühl und dunkel aufbewahren (halten sich luftdicht verschlossen ca. 12 Monate, nach dem Öffnen gut verschlossen im Kühlschrank ca. 6 Monate).

Tipp

Wer keinen Dörrapparat hat, gibt die Kürbisscheiben auf ein Gitter in den auf 110 °C vorgeheizten Backofen (Ober- und Unterhitze, keine Umluft!), die Ofentür sollte einen Spalt offen bleiben, damit die Feuchtigkeit entweichen kann. Nach ca. 4–5 Stunden die Kürbisscheiben wenden und von da ab stündlich umdrehen, weitere 5–6 Stunden trocknen. Anschließend jede Scheibe einzeln überprüfen. Die Kürbisscheiben müssen trocken, aber noch biegsam sein. Der Kürbis verliert beim Trocknen wegen des hohen Wassergehalts viel Gewicht.

Einlegegewürz für pikanten Kürbis

Zutaten für ca. 50 g

10 getrocknete Chilischoten, grob zerkleinert
1 TL Senfkörner
1 TL Fenchelsamen
1 TL Dillspitzen, getrocknet
1 TL Pimentkörner, zerstoßen
1 TL Gewürznelken
1 TL Wacholderbeeren, zerdrückt
4 Lorbeerblätter, grob geschnitten
1 Zimtstange, in kleine Stücke gebrochen

Zubereitung (10 Min. ohne Wartezeit)

- Alle Zutaten gut vermischen und in einem luftdicht verschlossenen Behälter 2 Wochen vor dem ersten Gebrauch aufbewahren.
- Diese Mischung hält sich luftdicht verschlossen ca. 1 Jahr.

Tipp

Dieses Mischgewürz kann man zum Einlegen vieler verschiedener Gemüsearten verwenden.

Kartoffelkäse
mit Kernöl

Zutaten für ca. 400 g Aufstrich

350 g Kartoffeln
½ kleine Zwiebel
125 ml Sauerrahm (saure Sahne)
2 EL Kürbiskernöl
Salz und Pfeffer
Paprikapulver

Zubereitung (30 Min.)

- Die Kartoffeln waschen und in der Schale weich kochen, schälen und noch heiß passieren.
- Die Zwiebel schälen und fein schneiden.
- In einer Schüssel Sauerrahm, Kürbiskernöl, Salz und Pfeffer verrühren, die passierten die Kartoffeln sowie die Zwiebel dazugeben und gut verrühren.
- Abschmecken, danach in eine Schüssel oder in Portionsförmchen füllen und mit Paprika bestreuen.
- Als Brotaufstrich servieren.

Kürbis süß-sauer

Zutaten für ca. 6 Gläser à 300 ml

1 kg Kürbis (z. B. Gelber oder Roter Zentner, Langer von Neapel …)
2 rote oder gelbe Paprikaschoten
3 Zwiebeln
1 Pfefferoni (Schärfe nach persönlichem Geschmack)
250 ml Essig
750 ml Wasser
2 EL Einlegegewürz
(Rezept siehe S. 161
½ TL Curry
3 TL Salz
200 g Zucker

Zubereitung (30 Min. ohne Einkochzeit)

- Den Kürbis schälen, entkernen und in längliche Stifte schneiden.
- Die Paprikaschoten von weißen Adern befreien und entkernen, in ähnlich große Stücke schneiden.
- Die Zwiebeln schälen, vierteln und in ca. 1 cm dicke Streifen schneiden.
- Pfefferoni entkernen, in feine Streifen schneiden.
- Alle Zutaten in einem Topf 3–5 Minuten kochen, noch heiß in sterilisierte Gläser füllen und diese gut verschließen.
- Anschließend die Gläser auf einem Backblech mit etwas Wasser im auf 80 °C vorgeheizten Backofen ca. 30 Minuten einkochen (so hält das eingelegte Gemüse einige Monate).

Tipp

Am besten noch 2 Wochen ziehen lassen, dann entwickelt der süß-saure Kürbis noch mehr Geschmack!

Kürbiskernöl-Grammelbrot

Zutaten (für 1 Laib, ca. 970 g)

500 g Weizenmehl (Type 480 Universal)
10 g Salz
10 g Backprofis Bio-Backmalz (alternativ Honig oder Feinkristallzucker in gleicher Menge)
50 g Steir. Kürbiskernöl g.g.A.
1 P. Trockenhefe oder ½ Würfel frische Hefe
270 g Wasser
125 g Grammeln (Grieben)

Knetzeit:

- 3 Minuten langsam / 5 Minuten etwas intensiver /
- 1 Minute Grammeln unterheben / gesamt 9 Minuten
- Teigruhe nach dem Kneten: 15 Minuten

Zubereitung (ca. 20 Min. ohne Warte- und Backzeit)

- Alle Zutaten genau einwiegen und den Teig kneten, am Ende des Knetvorganges die Grammeln langsam unterheben, anschließend den Teig 15 Minuten zugedeckt rasten lassen.
- Teig auf eine leicht bemehlte Arbeitsfläche geben, 3 Teigstücke zu je ca. 325 g auswiegen und rund formen (wirken und schleifen).
- Teigkugeln nebeneinander auf das Backblech legen (die Enden sollen sich ganz leicht berühren), mit einem Geschirrtuch abdecken und bei Raumtemperatur ca. 30 Minuten aufgehen lassen, in der Zwischenzeit den Backofen auf 200 °C Umluft vorheizen.
- Das Brot vor dem Backen mit einem scharfen Messer einmal der Länge nach einschneiden, gut mit Wasser besprühen und in den Backofen schieben.
- Ein Gefäß mit Wasser oder Eiswürfeln mit in den Ofen stellen und das Brot ca. 45 Minuten mit viel Dampf goldbraun backen.

Fleischaufstrich

mit Kürbiskernöl und Kürbiskernen

Zutaten für 4 Portionen

200 g Fleischreste (je nach Geschmack und Verfügbarkeit gebratenes, gekochtes oder geräuchertes Fleisch)
25 g Kürbiskerne, geröstet
1 Bund Schnittlauch
200 g weicher Frischkäse (z. B. Philadelphia)
4 EL Steir. Kürbiskernöl g.g.A.
1 Prise Cayennepfeffer
1 Prise Kümmel, gemahlen
Salz und Pfeffer

Kürbiskernöl, geröstete Kürbiskerne und Schnittlauchröllchen zum Garnieren

Zubereitung (15 Min.)

- Die Fleischreste fein schneiden und danach cuttern oder faschieren, zwei Drittel der Kürbiskerne grob hacken, den Schnittlauch fein schneiden.
- Den Frischkäse mit dem Fleisch, den gehackten Kürbiskernen, dem Schnittlauch, 3 EL Steirischem Kürbiskernöl g.g.A. und den Gewürzen mit dem Mixer gut vermengen.
- Den Aufstrich abschmecken, mit dem restlichen Kürbiskernöl, den gerösteten Kürbiskernen und Schnittlauchröllchern garnieren und mit Schwarzbrot servieren.

Steirischer Kernölknopf

Zutaten für ca. 9 Stück

250 g lauwarme Milch (36 °C)
500 g Weizenmehl
7 g Salz
5 g Backprofis Bio-Backmalz (online erhältlich)
60 g Zucker
80 g handwarme Butter
40 g Steir. Kürbiskerne, geschrotet
25 g Steir. Kürbiskernöl g.g.A.
1 P. Trockenhefe oder ½ Würfel frische Hefe

Zubereitung (ca. 40 Min. ohne Warte- und Backzeit)

- Alle Zutaten mit der Küchenmaschine zuerst 3 Minuten langsam und dann 7 Minuten etwas intensiver kneten.
- Anschließend den Teig ca. 30 Minuten zur doppelten Größe aufgehen lassen, nochmals kurz durchkneten.
- Teig auf eine leicht bemehlte Arbeitsfläche geben und zugedeckt 15 Minuten rasten lassen, dann Teigstücke zu je 100 g auswiegen, rund formen (schleifen) und erneut etwa 5 Minuten zugedeckt rasten lassen.
- Teigkugeln halbieren und aus den Stücken jeweils zwei längliche Teigstränge formen (ca. 15–18 cm), beide Stränge wie ein „X" übereinanderlegen, flechten und zu einem Knopf eindrehen (siehe Anleitungsvideo), auf ein Backblech mit Papier geben, etwas befeuchten, abdecken und bei Raumtemperatur 20–30 Minuten aufgehen lassen.
- Den Backofen auf 190 °C Umluft vorheizen und ein feuerfestes Gefäß in den Backofen stellen.
- Die Knöpfe vor dem Backen nochmals leicht mit Wasser befeuchten, das Gefäß im Ofen mit Wasser füllen und die Knöpfe auf mittlerer Schiene unter viel Dampf goldbraun backen.

REZEPT UND ANLEITUNGSVIDEO ZUR ZUBEREITUNG GIBT ES AUF
www.kochenundkueche.com/video

Einfach den abgebildeten QR-Code scannen und ansehen!

Pikante steirische Kürbismousse

Zutaten für 6 Portionen

1 Hokkaido, ca. 700 g
2 Blatt Gelatine
einige Tropfen Apfelessig
250 ml Obers (Sahne)
Salz und Pfeffer

geröstete Kürbiskerne
Kürbiskernöl

Tipp

Mit Brot oder Baguette servieren.

Zubereitung (20 Min. ohne Gar- und Wartezeit)

- Den Kürbis je nach Größe halbieren oder vierteln und im vorgeheizten Backofen bei 190 °C 40 Minuten mit der Schale garen, bis er weich ist.
- Gelatine in kaltem Wasser einweichen, den gegarten Kürbis mit einem Esslöffel entkernen und das Fleisch von der Schale lösen.
- Kürbisfleisch durch ein feines Sieb streichen, 300 g abwiegen und mit Salz, Pfeffer und Essig würzen (den Rest anderweitig verwenden).
- Die Gelatine gut ausdrücken, in 1 EL Wasser bei kleiner Hitze auflösen und unter das Kürbispüree rühren, das Obers steif schlagen und untermischen.
- Die Mousse in eine Schüssel füllen und einige Stunden im Kühlschrank fest werden lassen.
- Zum Anrichten mit einem nassen Esslöffel Nockerln ausstechen, auf Tellern platzieren und mit Kürbiskernen und Kürbiskernöl vollenden.

Kürbis-Focaccia

mit Rosinen und Fenchelsamen

Zutaten für 1 Focaccia, ca. 1 kg

500 g Kürbisfleisch (z. B. Muskatkürbis oder Blue Ballet), geschält, entkernt, würfelig geschnitten
Olivenöl für die Auflaufform
75 ml Wasser • 2 EL Rohrzucker
2 EL Olivenöl • 50 ml Wasser
2 EL Mehl
10 g frische Hefe
600 g glattes Mehl (Weizen oder Dinkel)
1 TL Salz
2 EL griechisches Naturjoghurt
1 Eiklar (Eiweiß) und etwas Wasser zum Bestreichen
2 EL Fenchelsamen

Zubereitung (60 Min. ohne Warte- und Backzeit)

- Kürbiswürfel in einer Auflaufform mit etwas Öl im auf 180 °C Umluft vorgeheizten Backofen etwa 45 Minuten garen, dann mit Wasser, Zucker und Öl zu Püree verarbeiten, 400 g davon für den Teig abwiegen.
- 50 ml Wasser mit 2 EL Mehl und Hefe verrühren und stehen lassen, bis sich Bläschen zeigen, dann Mehl, Kürbispüree, Salz, Joghurt und Vorteig mit der Küchenmaschine zu einem weichen Teig verkneten (sollte noch Flüssigkeit benötigt werden, ev. noch 1 EL Joghurt zugeben, wer mag, kann auch zuvor eingeweichte Rosinen beifügen).
- Den Teig in eine geölte Schüssel geben, zu einer Kugel formen, mit Frischhaltefolie abdecken und ca. 2 Stunden gehen lassen.
- Eine rechteckige Auflaufform (etwa 25 x 35 cm) mit Backpapier auslegen, den Teig auf der Arbeitsfläche rasch zu einem Rechteck ausrollen, in die Form legen und sanft auf die Größe der Form zurechtdrücken, mit dem bemehlten Ende eines hölzernen Kochlöffelstiels gitterförmig Löcher in den Teig drücken, nochmal ca. 40 Minuten gehen lassen.
- Eiklar mit ca. 2 EL Wasser verquirlen, nach der Gehzeit die Oberfläche der Focaccia damit bestreichen, mit Fenchelsamen bestreuen und die Form auf den Rost (auf mittlerer Schiene) in den auf 200 °C vorgeheizten Backofen stellen, ein flaches Gefäß mit Wasser auf den Ofenboden stellen, die Focaccia etwa 30 Minuten backen.

Tipp

Kürbispüree kann gleich in größeren Mengen zubereitet und eingefroren werden.

Kürbis-Apfel-Marmelade

mit Kardamom

Zutaten für ca. 6 Gläser à 200 ml

600 g Kürbisfleisch (z. B. Butternuss, Muskatkürbis …), geschält und entkernt
400 g Äpfel (säuerlich-würzige Sorten wie Rubinette, Boskoop oder Cox Orange)
Saft von 1 Zitrone
50 ml Weißwein
400 g Gelierzucker 2:1
1 EL Vanillezucker
1 TL Kardamomsamen (Gewürzfachhandel)

Zubereitung (20 Min. ohne Kochzeit)

- Das Kürbisfleisch in Würfel schneiden, Äpfel schälen, entkernen und ebenfalls in Würfel schneiden.
- Kürbis- und Apfelwürfel mit Zitronensaft und Wein in einen Topf geben und bei sehr sanfter Hitze langsam weich köcheln, öfter umrühren.
- Die Masse mit einem Pürierstab zu feinem Mus pürieren, zurück in den Topf füllen, dabei noch einmal wiegen, es sollte 1 Kilo Püree sein!
- Den Gelierzucker zugeben und gut verrühren, Kardamomsamen im Mörser zerstoßen und ebenfalls zur Kürbismasse geben.
- Auf kleiner Flamme unter Rühren aufkochen, 4 Minuten unter Rühren köcheln lassen und noch heiß in sterile Gläschen füllen.

Tipp

Eine weitere köstliche Kombination sind 500 g Kürbispüree, 500 ml Orangensaft und etwas Zimt, dafür aber 500 g Gelierzucker verwenden, weil die Masse flüssiger ist.

Kürbisbrot

Zutaten für 1 Kastenform

500 g Dinkel- oder Weizenvollkornmehl
2 TL Meersalz
42 g Hefe
50 ml lauwarmes Wasser
1 EL Akazienhonig
300 g Kürbispüree (siehe Rezept S. 139)
Muskatnuss, gerieben
1 Prise Nelkenpulver
1 TL Zimt
1 TL Ingwerpulver
2 EL gehackte Kürbiskerne

Zubereitung (20 Min. ohne Warte- und Backzeit)

- Mehl in eine Schüssel sieben, mit Salz vermischen und eine Vertiefung machen, Hefe im lauwarmen Wasser mit dem Honig auflösen, in die Vertiefung gießen, 1–2 Esslöffel Mehl darunterrühren, an einem warmen Ort zugedeckt 15 Minuten gehen lassen.
- Kürbispüree und Gewürze zum Vorteig geben, alles gut vermengen und den Teig auf der Arbeitsfläche gut durchkneten.
- Teig in einer Schüssel mit einem feuchten Tuch bedeckt aufgehen lassen, danach nochmals leicht kneten, die Kürbiskerne einarbeiten.
- Den Teig zu einem Laib formen (oder in eine gefettete und bemehlte Kastenform geben), nochmals 10–15 Minuten gehen lassen und dann im vorgeheizten Backofen bei 180 °C 40–45 Minuten backen.

Schwarzbrot

mit Kürbisraspeln

Zutaten für 1 Laib

300 g Roggenschrot
300 ml Wasser
150 g Sauerteig
150 g Roggenmehl
200 g Weizenvollmehl
300 g Weizenmehl
200 g Muskatkürbis, geschält, entkernt und fein geraspelt
20 g Salz
2 EL Sonnenblumenöl
10 g Hefe
250 ml Wasser
1 EL Brotgewürz, gemahlen

Zubereitung (70 Min., Wartezeit ca. 5 Std.)

- Am Vorabend den Roggenschrot mit 300 ml Wasser einweichen, den Sauerteig und das Roggenmehl mit etwas lauwarmem Wasser anrühren.
- Am nächsten Tag die restlichen Zutaten hinzufügen und alles ca. 10 Minuten gut verkneten.
- Den Teig ca. 4 Stunden gehen lassen, dann nochmals kurz durchkneten und wieder gehen lassen, bis sich der Teig fast verdoppelt hat.
- Danach den Teig ein drittes Mal durchkneten, dann einen Wecken oder Laib aus dem Teig formen und in ein mit einem Geschirrtuch ausgelegtes Simperl (Körbchen, Form für den Brotteig) zum Gehen legen.
- Wenn das Brot gut gegangen ist (nach längstens 30 Minuten), den Teig aus dem Simperl auf ein Backblech stürzen, gut mit Wasser bestreichen und im auf 250 °C vorgeheizten Backofen auf der Mittelschiene ca. 10 Minuten backen.
- Dann die Temperatur auf 190 °C reduzieren und das Brot noch 50 Minuten fertig backen.

HOKKAIDO

Aus unserem Programm

Bitte recht herzhaft!

Pikante Kuchen
Herzhafte Torten, Quiches & „Schichtkuchen“

112 Seiten, jedes Rezept bebildert, Großformat, 21 x 28 cm, Hc.

Nicht jeder liebt Süßes, deshalb sind pikante Kuchen und Torten eine willkommene Alternative! Herzhafte Köstlichkeiten aus dem Backofen sind ebenso variantenreich wie ihre süßen Verwandten: Biskuit, Mürb- oder Germteig, gefüllt mit Gemüse, Fleisch oder Käse, werden auf dem Blech, in Quiche- oder Kastenformen gebacken. Ein ganz neuer Trend sind Schichtkuchen – dünn gehobeltes Gemüse und andere pikante Zutaten werden mit wenig Teig lagenweise geschichtet. Eine „Vielschichtigkeit“ einfach zum Reinbeißen!
Vom einfachen Blechkuchen, belegt mit mediterranem Gemüse oder Sauerkraut über Quiches mit Hackfleisch und Birnen bis hin zur mehrstöckigen Hochzeitstorte in Herzform – alle sind köstlich und ein Hit bei Partys!

ISBN 978-3-7020-1722-4

Leopold Stocker Verlag
www.stocker-verlag.com